천수경 한글 사경

김 현 준 옮김

한량없는 세월동안 몸이나 물질로 보시한 공덕보다
경전을 사경하고 독송한 공덕이 훨씬 더 뛰어나니라

KB188963

새벽숲

· 천수경 사경과 영험

사경은 기도와 수행의 한 방법이며, 우리의 삶을 밝은 쪽으로 바른쪽으로 행복한 쪽으로 나아가게 하는 거룩한 불사입니다. 천수경을 써 보십시오. 천수경을 눈으로 보고 입으로 외우고 손으로 쓰고 마음에 새기는 사경기도는 크나큰 성취를 안겨줍니다.

더욱이 천수경은 관세음보살님의 크나큰 원력과 가피력을 지닌 천수대비주, 그리고 나의 참회와 업장소멸 등에 대해 자세히 설한 경전이기 때문에, 이 경전을 사경하고 독송하면 천수관음보살님의 한량없는 가피가 저절로 찾아들어, 집안이 편안해짐은 물론이요 업장소멸을 비롯한 갖가지 소원을 쉽게 성취할 수 있습니다.

특히 다음과 같은 원의 성취를 바란다면 천수경 사경을 해 보십시오.

· 업장을 녹이고 소원을 성취하고자 할 때
· 집안의 평온하고 복되고 안정된 삶을 원할 때
· 수명을 잇고 내생에 좋은 국토에 태어나고자 할 때
· 입시 등 각종 시험의 합격을 원할 때
· 사업의 번창을 바랄 때
· 각종 병환·재난·시비·구설수 등 현실의 괴로움을 소멸시키고자 할 때
· 구하는 바를 뜻과 같이 이루고자 할 때
· 각종 귀신 및 마구니의 장애에서 벗어나고자 할 때
· 마음공부를 성취하여 보다 높은 경지에 오르고자 할 때
· 풍부한 자비심을 갖추어 마침내는 성불하고자 할 때

이 밖에도 천수경 사경의 영험은 이루 다 말할 수 없습니다.

· 천수경 사경의 순서

1. 경문을 쓰기 전에

① 먼저 3배를 올리고, 기본적인 축원부터 세 번 합니다.

"시방세계에 충만하신 불보살님이시여, 세세생생 지은 죄업 모두 참회합니다. 이제 천수경을 사경하면서 선망조상과 유주무주 영가의 극락왕생, 그리고 일체 중생의 행복을 축원드리옵니다. 아울러 저희 가족 모두 늘 건강하옵고, 하는 일들이 뜻과 같이 이루어지이다."(3번)

② 이렇게 기본적인 축원을 한 다음, 꼭 성취되기를 바라는 일상의 소원들을 함께 축원하십시오. 예를 들면,

"대자대비하신 부처님, 관세음보살님. 가피를 내려 이 죄업 중생의 업장을 녹여주시옵고, · · · 가 꼭 성취되게 하옵소서."

라고 합니다. 이 경우, · · · 에 해당하는 구체적인 소원들을 문장으로 만들어 6페이지의 '천수경 사경 발원문' 난에 써놓고, 사경하기 전과 사경을 마친 다음 세 번씩 축원을 하면 좋습니다. 이때의 축원은 어떠한 것이라도 좋습니다. 절실하거나 꼭 이루어졌으면 하는 소원들을 부처님과 관세음보살님께 솔직하게 바치면 됩니다.

③ 이어 '부처님과 관세음보살님 잘 모시고 살겠습니다.'를 세 번 염한 다음, '나무관세음보살 광대원만 무애대비 천수경'을 세 번 외우고, 사경을 시작하면 됩니다.

2. 경문을 쓸 때

① 한글 천수경 본문을 사경할 때는 한자나 진하게 인쇄한 글자는 쓰지 말고, 옅게 인쇄한 글자만 씁니다.

② 사경을 할 때 바탕글씨와 똑같은 글자체로 쓰려고 애를 쓰는 분이 있

는데, 시간이 너무 오래 걸리므로 꼭 그렇게 쓸 필요는 없습니다. 바탕글씨를 크게 벗어나지 않는 범위 내에서 자기 필체로 쓰면 됩니다.

③ 천수경을 한자로 쓰지 않고 원문의 뜻을 한글로 풀어 놓은 번역본을 쓰는 데는 까닭이 있습니다. 사경하는 내가 내용을 이해하지 못하고 글자만 쓰게 되면, 감동이 없을 뿐 아니라 공덕 또한 크게 떨어지기 때문입니다.

그러므로 한글 앞의 한자 원문을 한 번 읽고 한글을 쓰면 내용 전체를 바르게 기억할 수 있어 더욱 좋습니다. 스스로 뜻을 새기고 이해를 하며 쓰는 것이 무엇보다 중요하다는 것을 꼭 명심하시기 바랍니다.

④ 사경을 한다고 하여 처음부터 끝까지 좔좔좔 시냇물 흘러가듯 써 내려가야 할 필요는 없습니다. 천수경을 쓰다가 특별히 마음에 와닿는 구절이 있거나 새기고 싶은 이야기가 있으면 다시 한 번 읽으면서 사색에 잠기는 것도 좋습니다. 또 혼자 있을 때는 기쁜 마음을 품고 음률을 넣어 조용한 음성으로 읽으면 더욱 좋습니다(물론 속으로만 읽으며 써도 상관 없습니다).

이렇게 사경을 하게 되면 천수경의 내용이 차츰 '나'의 것이 될 뿐 아니라, 업장참회와 소원성취는 물론이요 무량공덕까지 저절로 쌓이게 됩니다.

⑤ 그날 해야 할 사경을 마쳤으면 다시 스스로가 만든 '천수경 사경 발원문'을 세 번 읽고 3배를 드린 다음, '부처님 감사합니다. 감사합니다. 감사합니다'와 '관세음보살님 감사합니다. 감사합니다. 감사합니다'를 염하며 끝을 맺습니다.

· 사경 기간 및 횟수

① 이 사경집은 천수경을 일곱 번 쓸 수 있도록 엮었습니다. 만약 아주 간략한 소원이라면 일곱 번의 사경으로도 족하겠지만, 꼭 이루고 싶은 특별한 소원이 있다면 천수경을 열 권(70번) 정도는 사경하는 것이 좋습니다.

② 인쇄한 글씨 위에 억지로 덧입히며 쓰지 않고 자기 필체로 쓰게 되면 천수경 전체를 한 번 쓰는데 1시간 10분~2시간 정도 걸립니다. 만약 기도할 시간이 넉넉하지 않아 1시간 이내에 끝마치고자 한다면 두 번으로 나누어, 정구업진언부터 신묘장구대다라니까지를 하루에 쓰고, 사방찬부터 끝까지를 그 다음 날 쓰는 것도 한 방법입니다.

물론 천수경을 하루에 한 번씩 쓰거나, 2회·3회 쓰는 것은 더욱 좋습니다. 각자의 원력과 형편에 맞추어 적당히 쓰도록 하십시오. 단 불보살님과의 약속이니 지킬 수 있을 만큼 나누되, 너무 쉬운 쪽만 택하지 말기 바랍니다.

③ 만약 다른 기도를 하고 있는데 천수경 사경도 하고 싶다면, 지금 하고 있는 기도를 중단하지 말고 천수경을 병행하여 쓰는 것이 좋습니다. 다른 기도를 할 때 천수경을 외우는 경우가 많은 것처럼.

④ 매일 쓰다가 부득이한 일이 발생하여 못 쓰게 될 경우가 있습니다. 그때는 꼭 관세음보살님께 못 쓰게 된 사정을 고하여 마음속으로 '다음 날 또는 사경 기간을 하루 더 연장하여 반드시 쓰겠다'고 약속하면 됩니다.
※ 사경을 할 때는 연필·볼펜 또는 가는 수성펜 등으로 쓰는 것이 좋습니다.
※ 사경한 다음, 어떻게 처리해야 되느냐를 묻는 이들이 많은데, 부처님 복장에 넣는 경우가 아니라면 집에 모셔 두면 됩니다. 정성껏 쓴 사경집을 집안에 두면 불은이 충만하고 삿된 기운이 침범하지 못하게 됩니다. 책장의 가장 높은 곳 또는 집안에서 좋다고 생각되는 위치에 두십시오. 경전을 태우는 것은 큰 불경이므로 절대로 태우려 해서는 안됩니다.

깊은 믿음으로 마음을 모아 자비심을 품고 사경을 하면 관세음보살님께서 천안으로 비추어 보고 천수로 어루만져 준다고 하였습니다. 여법히 잘 사경하시기를 두 손 모아 축원드립니다. 나무대자대비 관세음보살 마하살.

천수경 사경 발원문

부처님과 관세음보살님 잘 모시고 살겠습니다(3번).

나무 관세음보살 광대원만 무애대비 천수경(3번)

千 手 經
천 수 경

정구업진언 淨口業眞言

수리수리 마하수리 수수리 사바하

수리수리 마하수리 수수리 사바하

수리수리 마하수리 수수리 사바하

오방내외안위제신진언 五方內外安慰諸神眞言

나무 사만다 못다남 옴 도로도로 지미 사바하

나무 사만다 못다남 옴 도로도로 지미 사바하

나무 사만다 못다남 옴 도로도로 지미 사바하

開經偈 개경게

무상심심미묘법
無上甚深微妙法
위없이~ 심히깊은 미묘한법을

백천만겁난조우
百千萬劫難遭遇
백천만겁 지난들~ 어찌만나리

아금문견득수지
我今聞見得受持
제가이제 보고듣고 받아지니니

원해여래진실의
願解如來眞實意
부처님의 진실한뜻 알아지이다

개법장진언 開法藏眞言

옴 아라남 아라다

옴 아라남 아라다

옴 아라남 아라다

천수천안관자재보살
千手千眼觀自在菩薩
천수천안 관음보살 광대하고

광대원만무애대비심
廣大圓滿無碍大悲心
원만하며 걸림없는 대비심의

대다라니 계청
大陀羅尼 啓請
다라니를 청하옵니다

계수관음대비주
稽首觀音大悲呪
자비로운 관세음께 절하옵나니

원력홍심상호신
願力弘深相好身
크신원력 원만상호 갖추시옵고

천비장엄보호지
千臂莊嚴普護持
천손으로 중생들을 거두시오며

천안광명변관조
千眼光明遍觀照
천눈으로 광명비춰 두루살피네

진실어중선밀어 眞實語中宣密語	진실하온 말씀중에 다라니펴고
무위심내기비심 無爲心內起悲心	함이없는 마음중에 자비심내어
속령만족제희구 速令滿足諸希求	온갖소원 지체없이 이뤄주시고
영사멸제제죄업 永使滅除諸罪業	모든죄업 길이길이 없애주시네
천룡중성동자호 天龍衆聖同慈護	천룡들과 성현들이 옹호하시고
백천삼매돈훈수 百千三昧頓熏修	백천삼매 한순간에 이루어지니
수지신시광명당 受持身是光明幢	이다라니 지닌몸은 광명당이요
수지심시신통장 受持心是神通藏	이다라니 지닌마음 신통장이라
세척진로원제해 洗滌塵勞願濟海	모든번뇌 씻어내고 고해를건너
초증보리방편문 超證菩提方便門	보리도의 방편문을 얻게되오며
아금칭송서귀의 我今稱誦誓歸依	제가이제 지송하고 귀의하오니
소원종심실원만 所願從心悉圓滿	온갖소원 마음따라 이뤄지이다

나무대비관세음 南無大悲觀世音	자비하신 관세음께 귀의하오니
원아속지일체법 願我速知一切法	일체법을 어서속히 알아지이다
나무대비관세음 南無大悲觀世音	자비하신 관세음께 귀의하오니
원아조득지혜안 願我早得智慧眼	지혜의눈 어서어서 얻어지이다
나무대비관세음 南無大悲觀世音	자비하신 관세음께 귀의하오니

원아속도일체중 모든중생 어서속히 건네지이다
願我速度一切衆

나무대비관세음 자비하신 관세음께 귀의하오니
南無大悲觀世音

원아조득선방편 좋은방편 어서어서 얻어지이다
願我早得善方便

나무대비관세음 자비하신 관세음께 귀의하오니
南無大悲觀世音

원아속승반야선 지혜의배 어서속히 올라지이다
願我速乘般若船

나무대비관세음 자비하신 관세음께 귀의하오니
南無大悲觀世音

원아조득월고해 고통바다 어서어서 건너지이다
願我早得越苦海

나무대비관세음 자비하신 관세음께 귀의하오니
南無大悲觀世音

원아속득계정도 계정혜를 어서속히 얻어지이다
願我速得戒定道

나무대비관세음 자비하신 관세음께 귀의하오니
南無大悲觀世音

원아조등원적산 열반언덕 어서어서 올라지이다
願我早登圓寂山

나무대비관세음 자비하신 관세음께 귀의하오니
南無大悲觀世音

원아속회무위사 무위집에 어서속히 들어지이다
願我速會無爲舍

나무대비관세음 자비하신 관세음께 귀의하오니
南無大悲觀世音

원아조동법성신 진리의몸 어서어서 이뤄지이다
願我早同法性身

아약향도산 칼산지옥 제가가면
我若向刀山

도산자최절 칼날절로 꺾여지고
刀山自催折

아약향화탕 我若向火湯	화탕지옥 제가가면
화탕자소멸 火湯自消滅	화탕절로 사라지며
아약향지옥 我若向地獄	지옥세계 제가가면
지옥자고갈 地獄自枯渴	지옥절로 없어지고
아약향아귀 我若向餓鬼	아귀세계 제가가면
아귀자포만 餓鬼自飽滿	아귀절로 배부르며
아약향수라 我若向修羅	수라세계 제가가면
악심자조복 惡心自調伏	악한마음 선해지고
아약향축생 我若向畜生	축생세계 제가가면
자득대지혜 自得大智慧	지혜절로 얻어지이다

南無觀世音菩薩摩訶薩	나무관세음보살마하살
南無大勢至菩薩摩訶薩	나무대세지보살마하살
南無千手菩薩摩訶薩	나무천수보살마하살
南無如意輪菩薩摩訶薩	나무여의륜보살마하살
南無大輪菩薩摩訶薩	나무대륜보살마하살
南無觀自在菩薩摩訶薩	나무관자재보살마하살
南無正趣菩薩摩訶薩	나무정취보살마하살

南無滿月菩薩摩訶薩	나무만월 보살마하살
南無水月菩薩摩訶薩	나무수월 보살마하살
南無軍茶利菩薩摩訶薩	나무군다리 보살마하살
南無十一面菩薩摩訶薩	나무십일면 보살마하살
南無諸大菩薩摩訶薩	나무제대 보살마하살
南無本師阿彌陀佛	나무본사아미타불
南無本師阿彌陀佛	나무본사아미타불
南無本師阿彌陀佛	나무본사아미타불

신묘장구대다라니 神妙章句大陀羅尼

나모라 다나다라 야야 나막알약 바로기제 새
바라야 모지사다바야 마하사다바야 마하가
로니가야

옴 살바 바예수 다라나 가라야 다사명 나막
까리다바 이맘알야 바로기제 새바라다바 니
라간타 나막하리나야 마발다 이사미 살발타

사다남 수반 아예염 살바 보다남 바바말아
미수다감 다냐타 옴 아로게 아로가 마지로가
지가란제 혜혜하례 마하모지 사다바 사마라
사마라 하리나야 구로구로 갈마 사다야 사다
야 도로도로 미연제 마하미연제 다라다라 다
린 나례 새바라 자라자라 마라 미마라 아마
라 몰제 예혜혜 로계 새바라 라아미사미 나
사야 나베 사미사미 나사야 모하자라 미사미
나사야 호로호로 마라호로 하례 바나마 나바
사라사라 시리시리 소로소로 못쟈못쟈 모다
야 모다야
매다리야 니라간타 가마사 날사남 바라하라
나야 마낙 사바하
싯다야 사바하
마하싯다야 사바하
싯다 유예 새바라야 사바하
니라간타야 사바하
바라하 목카 싱하 목카야 사바하

바나마 하따야 사바하
자가라 욕다야 사바하
상카섭나녜 모다나야 사바하
마하라 구타다라야 사바하
바마사간타 이사시체다 가릿나 이나야 사바하
먀가라 잘마 이바사나야 사바하
나모라 다나다라 야야 나막알야 바로기제 새
바라야 사바하
나모라 다나다라 야야 나막알야 바로기제 새
바라야 사바하
나모라 다나다라 야야 나막알야 바로기제 새
바라야 사바하

四方讚

일쇄동방결도량
一灑東方潔道場

이쇄남방득청량
二灑南方得淸凉

삼쇄서방구정토
三灑西方俱淨土

사쇄북방영안강
四灑北方永安康

사방찬

동방에~ 물뿌리니 도량이맑고

남방에~ 물뿌리니 청량얻으며

서방에~ 물뿌리니 정토이루고

북방에~ 물뿌리니 평안해지네

道場讚 · 도량찬

도량청정무하예
道場淸淨無瑕穢

삼보천룡강차지
三寶天龍降此地

아금지송묘진언
我今持誦妙眞言

원사자비밀가호
願賜慈悲密加護

온 도량이 청정하여 티끌없으니
삼보천룡 이도량에 강림하시네
제가이제 묘한진언 외우옵나니
대자대비 베푸시어 가호하소서

懺悔偈 · 참회게

아석소조제악업
我昔所造諸惡業

개유무시탐진치
皆由無始貪瞋癡

종신구의지소생
從身口意之所生

일체아금개참회
一切我今皆懺悔

지난세월 제가지은 모든악업은
옛적부터 탐진치로 말미암아서
몸과말과 생각으로 지었사오니
제가이제 모든죄업 참회합니다

懺除業障十二尊佛 · 참제업장십이존불

南無懺除業障寶勝藏佛
나무참제업장보승장불

寶光王火炎照佛
보광왕화염조불

一切香火自在力王佛
일체향화자재력왕불

百億恒河沙決定佛
백억항하사결정불

振威德佛
진위덕불

15

金剛堅強消伏壞散佛	금강견강소복괴산불
寶光月殿妙音尊王佛	보광월전묘음존왕불
歡喜藏摩尼寶積佛	환희장마니보적불
無盡香勝王佛	무진향승왕불
獅子月佛	사자월불
歡喜莊嚴珠王佛	환희장엄주왕불
帝寶幢摩尼勝光佛	제보당마니승광불

十惡懺悔   십악참회

살생중죄금일참회
殺生重罪今日懺悔
살생으로 지은죄업 참회합니다

투도중죄금일참회
偸盜重罪今日懺悔
도둑질로 지은죄업 참회합니다

사음중죄금일참회
邪淫重罪今日懺悔
사음으로 지은죄업 참회합니다

망어중죄금일참회
妄語重罪今日懺悔
거짓말로 지은죄업 참회합니다

기어중죄금일참회
綺語重罪今日懺悔
꾸민말로 지은죄업 참회합니다

양설중죄금일참회
兩說重罪今日懺悔
이간질로 지은죄업 참회합니다

악구중죄금일참회
惡口重罪今日懺悔
악한말로 지은죄업 참회합니다

탐애중죄금일참회
貪愛重罪今日懺悔
탐욕으로 지은죄업 참회합니다

진에중죄금일참회
瞋恚重罪今日懺悔
성냄으로 지은죄업 참회합니다

치암중죄금일참회
癡暗重罪今日懺悔
어리석어 지은죄업 참회합니다

백겁적집죄
百劫積集罪
오랜세월 쌓인죄업

일념돈탕제
一念頓蕩除
한생각에 없어지니

여화분고초
如火焚枯草
마른풀이 타버리듯

멸진무유여
滅盡無有餘
남김없이 사라지네

죄무자성종심기
罪無自性從心起
죄의자성 본래없어 마음따라 일어나니

심약멸시죄역망
心若滅時罪亦亡
마음이~ 사라지면 죄도함께 없어지네

죄망심멸양구공
罪亡心滅兩俱空
모든죄가 없어지고 마음조차 사라져서

시즉명위진참회
是卽名爲眞懺悔
죄와마음 공해지면 진실한~ 참회라네

참회진언 懺悔眞言

옴 살바못자 모지 사다야 사바하

옴 살바못자 모지 사다야 사바하

옴 살바못자 모지 사다야 사바하

준제공덕취
准提功德聚
준제주는 모든공덕 보고이어라

17

적정심상송 寂靜心常誦	고요한~ 마음으로 항상외우면
일체제대난 一切諸大難	이세상~ 그어떠한 재난이라도
무능침시인 無能侵是人	이사람을 절대로~ 침범못하며
천상급인간 天上及人間	하늘이나 사람이나 모든중생이
수복여불등 受福如佛等	부처님과 다름없는 복을받으니
우차여의주 遇此如意珠	아와같은 여의주를 지니는이는
정획무등등 定獲無等等	결정코~ 최상의법 이루오리라

南無七俱胝佛母大准提菩薩　나무칠구지불모대준제보살

南無七俱胝佛母大准提菩薩　나무칠구지불모대준제보살

南無七俱胝佛母大准提菩薩　나무칠구지불모대준제보살

정법계진언 淨法界眞言

옴남　옴남　옴남

호신진언 護身眞言

옴치림　옴치림　옴치림

觀世音菩薩 本心微妙 六字大明王眞言
관세음보살 본심미묘 육자대명왕진언
옴 마니 반메 훔
옴 마니 반메 훔
옴 마니 반메 훔

준제진언 准提眞言
나무 사다남 삼먁삼못다 구치남 다냐타
옴 자례주례 준제 사바하 부림
옴 자례주례 준제 사바하 부림
옴 자례주례 준제 사바하 부림

아금지송대준제
我今持誦大准提
제가이제 준제주를 지송하오니

즉발보리광대원
卽發菩提廣大願
보리심을 발하오며 큰원세우고

원아정혜속원명
願我定慧速圓明
선정지혜 어서속히 밝아지오며

원아공덕개성취
願我功德皆成就
모든공덕 남김없이 성취하옵고

원아승복변장엄
願我勝福遍莊嚴
수승한복 두루두루 장엄하오며

원공중생성불도
願共衆生成佛道
모든중생 깨달음을 이뤄지이다

如來十大發願文 · 여래십대발원문

원아영리삼악도	원하오니 삼악도를 길이여의고
願我永離三惡道	
원아속단탐진치	탐진치~ 삼독심을 속히끊으며
願我速斷貪瞋癡	
원아상문불법승	불법승~ 삼보이름 항상듣고서
願我常聞佛法僧	
원아근수계정혜	계정혜~ 삼학도를 힘써닦으며
願我勤修戒定慧	
원아항수제불학	부처님을 따라서~ 항상배우고
願我恒隨諸佛學	
원아불퇴보리심	원컨대~ 보리심에 항상머물며
願我不退菩提心	
원아결정생안양	결정코~ 극락세계 가서태어나
願我決定生安養	
원아속견아미타	아미타~ 부처님을 친견하옵고
願我速見阿彌陀	
원아분신변진찰	온세계~ 모든국토 몸을나투어
願我分身遍塵刹	
원아광도제중생	모든중생 빠짐없이 건져지이다
願我廣度諸衆生	

發四弘誓願 · 발사홍서원

중생무변서원도	가없는~ 중생을~ 건지오리다
衆生無邊誓願度	
번뇌무진서원단	끝없는~ 번뇌를~ 끊으오리다
煩惱無盡誓願斷	
법문무량서원학	한없는~ 법문을~ 배우오리다
法門無量誓願學	
불도무상서원성	위없는~ 불도를~ 이루오리다
佛道無上誓願成	
자성중생서원도	자성의~ 중생을~ 건지오리다
自性衆生誓願度	

자성번뇌서원단
自性煩惱誓願斷
자성의~ 번뇌를~ 끊으오리다

자성법문서원학
自性法門誓願學
자성의~ 법문을~ 배우오리다

자성불도서원성
自性佛道誓願成
자성의~ 불도를~ 이루오리다

발원이 귀명례삼보
發願已 歸命禮三寶
제가이제 삼보님께 귀명합니다

나무상주시방불
南無常住十方佛
시방세계 부처님께 귀명합니다

나무상주시방법
南無常住十方法
시방세계 가르침에 귀명합니다

나무상주시방승
南無常住十方僧
시방세계 스님들께 귀명합니다

나무상주시방불
南無常住十方佛
시방세계 부처님께 귀명합니다

나무상주시방법
南無常住十方法
시방세계 가르침에 귀명합니다

나무상주시방승
南無常住十方僧
시방세계 스님들께 귀명합니다

나무상주시방불
南無常住十方佛
시방세계 부처님께 귀명합니다

나무상주시방법
南無常住十方法
시방세계 가르침에 귀명합니다

나무상주시방승
南無常住十方僧
시방세계 스님들께 귀명합니다

불기 25 년 월 일 불자   제 회 사경

千 手 經
천 수 경

정구업진언 淨口業眞言

수리수리 마하수리 수수리 사바하

수리수리 마하수리 수수리 사바하

수리수리 마하수리 수수리 사바하

오방내외안위제신진언 五方內外安慰諸神眞言

나무 사만다 못다남 옴 도로도로 지미 사바하

나무 사만다 못다남 옴 도로도로 지미 사바하

나무 사만다 못다남 옴 도로도로 지미 사바하

開經偈

개경게

무상심심미묘법
無上甚深微妙法

위없이~ 심히깊은 미묘한법을

백천만겁난조우
百千萬劫難遭遇

백천만겁 지난들~ 어찌만나리

아금문견득수지
我今聞見得受持

제가이제 보고듣고 받아지니니

원해여래진실의
願解如來眞實意

부처님의 진실한뜻 알아지이다

개법장진언　開法藏眞言

옴 아라남 아라다

옴 아라남 아라다

옴 아라남 아라다

천수천안관자재보살
千手千眼觀自在菩薩

천수천안 관음보살 광대하고

광대원만무애대비심
廣大圓滿無碍大悲心

원만하며 걸림없는 대비심의

대다라니 계청
大陀羅尼 啓請

다라니를 청하옵니다

계수관음대비주
稽首觀音大悲呪

자비로운 관세음께 절하옵나니

원력홍심상호신
願力弘深相好身

크신원력 원만상호 갖추시옵고

천비장엄보호지
千臂莊嚴普護持

천손으로 중생들을 거두시오며

천안광명변관조
千眼光明遍觀照

천눈으로 광명비춰 두루살피네

진실어중선밀어 眞實語中宣密語	진실하온 말씀중에 다라니펴고
무위심내기비심 無爲心內起悲心	함이없는 마음중에 자비심내어
속령만족제희구 速令滿足諸希求	온갖소원 지체없이 이뤄주시고
영사멸제제죄업 永使滅除諸罪業	모든죄업 길이길이 없애주시네
천룡중성동자호 天龍衆聖同慈護	천룡들과 성현들이 옹호하시고
백천삼매돈훈수 百千三昧頓熏修	백천삼매 한순간에 이루어지니
수지신시광명당 受持身是光明幢	이다라니 지닌몸은 광명당이요
수지심시신통장 受持心是神通藏	이다라니 지닌마음 신통장이라
세척진로원제해 洗滌塵勞願濟海	모든번뇌 씻어내고 고해를건너
초증보리방편문 超證菩提方便門	보리도의 방편문을 얻게되오며
아금칭송서귀의 我今稱誦誓歸依	제가이제 지송하고 귀의하오니
소원종심실원만 所願從心悉圓滿	온갖소원 마음따라 이뤄지이다
나무대비관세음 南無大悲觀世音	자비하신 관세음께 귀의하오니
원아속지일체법 願我速知一切法	일체법을 어서속히 알아지이다
나무대비관세음 南無大悲觀世音	자비하신 관세음께 귀의하오니
원아조득지혜안 願我早得智慧眼	지혜의눈 어서어서 얻어지이다
나무대비관세음 南無大悲觀世音	자비하신 관세음께 귀의하오니

원아속도일체중 모든중생 어서속히 건네지이다
願我速度一切衆

나무대비관세음 자비하신 관세음께 귀의하오니
南無大悲觀世音

원아조득선방편 좋은방편 어서어서 얻어지이다
願我早得善方便

나무대비관세음 자비하신 관세음께 귀의하오니
南無大悲觀世音

원아속승반야선 지혜의배 어서속히 올라지이다
願我速乘般若船

나무대비관세음 자비하신 관세음께 귀의하오니
南無大悲觀世音

원아조득월고해 고통바다 어서어서 건너지이다
願我早得越苦海

나무대비관세음 자비하신 관세음께 귀의하오니
南無大悲觀世音

원아속득계정도 계정혜를 어서속히 얻어지이다
願我速得戒定道

나무대비관세음 자비하신 관세음께 귀의하오니
南無大悲觀世音

원아조등원적산 열반언덕 어서어서 올라지이다
願我早登圓寂山

나무대비관세음 자비하신 관세음께 귀의하오니
南無大悲觀世音

원아속회무위사 무위집에 어서속히 들어지이다
願我速會無爲舍

나무대비관세음 자비하신 관세음께 귀의하오니
南無大悲觀世音

원아조동법성신 진리의몸 어서어서 이뤄지이다
願我早同法性身

아약향도산 칼산지옥 제가가면
我若向刀山

도산자최절 칼날절로 꺾여지고
刀山自催折

아약향화탕 我若向火湯　화탕지옥 제가가면

화탕자소멸 火湯自消滅　화탕절로 사라지며

아약향지옥 我若向地獄　지옥세계 제가가면

지옥자고갈 地獄自枯渴　지옥절로 없어지고

아약향아귀 我若向餓鬼　아귀세계 제가가면

아귀자포만 餓鬼自飽滿　아귀절로 배부르며

아약향수라 我若向修羅　수라세계 제가가면

악심자조복 惡心自調伏　악한마음 선해지고

아약향축생 我若向畜生　축생세계 제가가면

자득대지혜 自得大智慧　지혜절로 얻어지이다

南無觀世音菩薩摩訶薩　나무관세음보살마하살

南無大勢至菩薩摩訶薩　나무대세지보살마하살

南無千手菩薩摩訶薩　나무천수보살마하살

南無如意輪菩薩摩訶薩　나무여의륜보살마하살

南無大輪菩薩摩訶薩　나무대륜보살마하살

南無觀自在菩薩摩訶薩　나무관자재보살마하살

南無正趣菩薩摩訶薩　나무정취보살마하살

南無滿月菩薩摩訶薩　나무만월보살마하살
南無水月菩薩摩訶薩　나무수월보살마하살
南無軍茶利菩薩摩訶薩　나무군다리보살마하살
南無十一面菩薩摩訶薩　나무십일면보살마하살
南無諸大菩薩摩訶薩　나무제대보살마하살
南無本師阿彌陀佛　나무본사아미타불
南無本師阿彌陀佛　나무본사아미타불
南無本師阿彌陀佛　나무본사아미타불

신묘장구대다라니 神妙章句大陀羅尼

나모라 다나다라 야야 나막알약 바로기제 새
바라야 모지사다바야 마하사다바야 마하가
로니가야

옴 살바 바예수 다라나 가라야 다사명 나막
까리다바 이맘알야 바로기제 새바라다바 니
라간타 나막하리나야 마발다 이사미 살발타

사다남 수반 아예염 살바 보다남 바바말아
미수다감 다냐타 옴 아로게 아로가 마지로가
지가란제 혜혜하례 마하모지 사다바 사마라
사마라 하리나야 구로구로 갈마 사다야 사다
야 도로도로 미연제 마하미연제 다라다라 다
린 나례 새바라 자라자라 마라 미마라 아마
라 몰제 예혜혜 로계 새바라 라아미사미 나
사야 나베 사미사미 나사야 모하자라 미사미
나사야 호로호로 마라호로 하례 바나마 나바
사라사라 시리시리 소로소로 못쟈못쟈 모다
야 모다야
매다리야 니라간타 가마사 날사남 바라하라
나야 마낙 사바하
싯다야 사바하
마하싯다야 사바하
싯다 유예 새바라야 사바하
니라간타야 사바하
바라하 목카 싱하 목카야 사바하

바나마 하따야 사바하

자가라 욕다야 사바하

상카섭나네 모다나야 사바하

마하라 구타다라야 사바하

바마사간타 이사시체다 가릿나 이나야 사바하

먀가라 잘마 이바사나야 사바하

나모라 다나다라 야야 나막알야 바로기제 새
바라야 사바하

나모라 다나다라 야야 나막알야 바로기제 새
바라야 사바하

나모라 다나다라 야야 나막알야 바로기제 새
바라야 사바하

四方讚

일쇄동방결도량
一灑東方潔道場

이쇄남방득청량
二灑南方得淸凉

삼쇄서방구정토
三灑西方俱淨土

사쇄북방영안강
四灑北方永安康

사방찬

동방에~ 물뿌리니 도량이맑고

남방에~ 물뿌리니 청량얻으며

서방에~ 물뿌리니 정토이루고

북방에~ 물뿌리니 평안해지네

道場讚 도량찬

도량청정무하예
道場淸淨無瑕穢
온도량이 청정하여 티끌없으니

삼보천룡강차지
三寶天龍降此地
삼보천룡 이도량에 강림하시네

아금지송묘진언
我今持誦妙眞言
제가이제 묘한진언 외우옵나니

원사자비밀가호
願賜慈悲密加護
대자대비 베푸시어 가호하소서

懺悔偈 참회게

아석소조제악업
我昔所造諸惡業
지난세월 제가지은 모든악업은

개유무시탐진치
皆由無始貪瞋癡
옛적부터 탐진치로 말미암아서

종신구의지소생
從身口意之所生
몸과말과 생각으로 지었사오니

일체아금개참회
一切我今皆懺悔
제가이제 모든죄업 참회합니다

懺除業障十二尊佛 참제업장십이존불

南無懺除業障寶勝藏佛
나무참제업장보승장불

寶光王火炎照佛
보광왕화염조불

一切香火自在力王佛
일체향화자재력왕불

百億恒河沙決定佛
백억항하사결정불

振威德佛
진위덕불

金剛堅强消伏壞散佛   금강견강소복괴산불

寶光月殿妙音尊王佛   보광월전묘음존왕불

歡喜藏摩尼寶積佛   환희장마니보적불

無盡香勝王佛   무진향승왕불

獅子月佛   사자월불

歡喜莊嚴珠王佛   환희장엄주왕불

帝寶幢摩尼勝光佛   제보당마니승광불

十惡懺悔   십악참회

살생중죄금일참회
殺生重罪今日懺悔   살생으로 지은죄업 참회합니다

투도중죄금일참회
偸盜重罪今日懺悔   도둑질로 지은죄업 참회합니다

사음중죄금일참회
邪淫重罪今日懺悔   사음으로 지은죄업 참회합니다

망어중죄금일참회
妄語重罪今日懺悔   거짓말로 지은죄업 참회합니다

기어중죄금일참회
綺語重罪今日懺悔   꾸민말로 지은죄업 참회합니다

양설중죄금일참회
兩說重罪今日懺悔   이간질로 지은죄업 참회합니다

악구중죄금일참회
惡口重罪今日懺悔   악한말로 지은죄업 참회합니다

탐애중죄금일참회
貪愛重罪今日懺悔   탐욕으로 지은죄업 참회합니다

진에중죄금일참회
瞋恚重罪今日懺悔   성냄으로 지은죄업 참회합니다

치암중죄금일참회
癡暗重罪今日懺悔
어리석어 지은죄업 참회합니다

백겁적집죄
百劫積集罪
오랜세월 쌓인죄업

일념돈탕제
一念頓蕩除
한생각에 없어지니

여화분고초
如火焚枯草
마른풀이 타버리듯

멸진무유여
滅盡無有餘
남김없이 사라지네

죄무자성종심기
罪無自性從心起
죄의자성 본래없어 마음따라 일어나니

심약멸시죄역망
心若滅時罪亦亡
마음이~ 사라지면 죄도함께 없어지네

죄망심멸양구공
罪亡心滅兩俱空
모든죄가 없어지고 마음조차 사라져서

시즉명위진참회
是卽名爲眞懺悔
죄와마음 공해지면 진실한~ 참회라네

참회진언 懺悔眞言

옴 살바못자 모지 사다야 사바하

옴 살바못자 모지 사다야 사바하

옴 살바못자 모지 사다야 사바하

준제공덕취
准提功德聚
준제주는 모든공덕 보고이어라

32

적정심상송 寂靜心常誦	고요한~ 마음으로 항상외우면
일체제대난 一切諸大難	이세상~ 그어떠한 재난이라도
무능침시인 無能侵是人	이사람을 절대로~ 침범못하며
천상급인간 天上及人間	하늘이나 사람이나 모든중생이
수복여불등 受福如佛等	부처님과 다름없는 복을받으니
우차여의주 遇此如意珠	이와같은 여의주를 지니는이는
정획무등등 定獲無等等	결정코~ 최상의법 이루오리라

南無七俱咀佛母大准提菩薩   나무칠구지불모대준제 보살

南無七俱咀佛母大准提菩薩   나무칠구지불모대준제 보살

南無七俱咀佛母大准提菩薩   나무칠구지불모대준제 보살

정법계진언 淨法界眞言

옴 남 옴 남 옴 남

호신진언 護身眞言

옴 치림 옴 치림 옴 치림

33

觀世音菩薩 本心微妙 六字大明王眞言
관세음보살 본심미묘 육자대명왕진언

옴 마니 반메 훔

옴 마니 반메 훔

옴 마니 반메 훔

준제진언 准提眞言

나무 사다남 삼먁삼못다 구치남 다냐타

옴 자례주례 준제 사바하 부림

옴 자례주례 준제 사바하 부림

옴 자례주례 준제 사바하 부림

아금지송대준제
我今持誦大准提
제가이제 준제주를 지송하오니

즉발보리광대원
卽發菩提廣大願
보리심을 발하오며 큰원세우고

원아정혜속원명
願我定慧速圓明
선정지혜 어서속히 밝아지오며

원아공덕개성취
願我功德皆成就
모든공덕 남김없이 성취하옵고

원아승복변장엄
願我勝福遍莊嚴
수승한복 두루두루 장엄하오며

원공중생성불도
願共衆生成佛道
모든중생 깨달음을 이뤄지이다

如來十大發願文 — 여래십대발원문

원아영리삼악도 (願我永離三惡道) — 원하오니 삼악도를 길이여의고

원아속단탐진치 (願我速斷貪瞋癡) — 탐진치~ 삼독심을 속히끊으며

원아상문불법승 (願我常聞佛法僧) — 불법승~ 삼보이름 항상듣고서

원아근수계정혜 (願我勤修戒定慧) — 계정혜~ 삼학도를 힘써닦으며

원아항수제불학 (願我恒隨諸佛學) — 부처님을 따라서~ 항상배우고

원아불퇴보리심 (願我不退菩提心) — 원컨대~ 보리심에 항상머물며

원아결정생안양 (願我決定生安養) — 결정코~ 극락세계 가서태어나

원아속견아미타 (願我速見阿彌陀) — 아미타~ 부처님을 친견하옵고

원아분신변진찰 (願我分身遍塵刹) — 온세계~ 모든국토 몸을나투어

원아광도제중생 (願我廣度諸衆生) — 모든중생 빠짐없이 건져지이다

發四弘誓願 — 발사홍서원

중생무변서원도 (衆生無邊誓願度) — 가없는~ 중생을~ 건지오리다

번뇌무진서원단 (煩惱無盡誓願斷) — 끝없는~ 번뇌를~ 끊으오리다

법문무량서원학 (法門無量誓願學) — 한없는~ 법문을~ 배우오리다

불도무상서원성 (佛道無上誓願成) — 위없는~ 불도를~ 이루오리다

자성중생서원도 (自性衆生誓願度) — 자성의~ 중생을~ 건지오리다

자성번뇌서원단
自性煩惱誓願斷
자성의~ 번뇌를~ 끊으오리다

자성법문서원학
自性法門誓願學
자성의~ 법문을~ 배우오리다

자성불도서원성
自性佛道誓願成
자성의~ 불도를~ 이루오리다

발원이 귀명례삼보
發願已 歸命禮三寶
제가이제 삼보님께 귀명합니다

나무상주시방불
南無常住十方佛
시방세계 부처님께 귀명합니다

나무상주시방법
南無常住十方法
시방세계 가르침에 귀명합니다

나무상주시방승
南無常住十方僧
시방세계 스님들께 귀명합니다

나무상주시방불
南無常住十方佛
시방세계 부처님께 귀명합니다

나무상주시방법
南無常住十方法
시방세계 가르침에 귀명합니다

나무상주시방승
南無常住十方僧
시방세계 스님들께 귀명합니다

나무상주시방불
南無常住十方佛
시방세계 부처님께 귀명합니다

나무상주시방법
南無常住十方法
시방세계 가르침에 귀명합니다

나무상주시방승
南無常住十方僧
시방세계 스님들께 귀명합니다

불기 25 년 월 일 불자   제 회 사경

千 手 經
천 수 경

정구업진언 淨口業眞言

수리수리 마하수리 수수리 사바하

수리수리 마하수리 수수리 사바하

수리수리 마하수리 수수리 사바하

오방내외안위제신진언 五方內外安慰諸神眞言

나무 사만다 못다남 옴 도로도로 지미 사바하

나무 사만다 못다남 옴 도로도로 지미 사바하

나무 사만다 못다남 옴 도로도로 지미 사바하

開經偈
개경게

무상심심미묘법
無上甚深微妙法

위없이~ 심히깊은 미묘한법을

백천만겁난조우
百千萬劫難遭遇

백천만겁 지난들~ 어찌만나리

아금문견득수지
我今聞見得受持

제가이제 보고듣고 받아지니니

원해여래진실의
願解如來眞實意

부처님의 진실한뜻 알아지이다

개법장진언 開法藏眞言

옴 아라남 아라다

옴 아라남 아라다

옴 아라남 아라다

천수천안관자재보살
千手千眼觀自在菩薩

천수천안 관음보살 광대하고

광대원만무애대비심
廣大圓滿無碍大悲心

원만하며 걸림없는 대비심의

대다라니 계청
大陀羅尼 啓請

다라니를 청하옵니다

계수관음대비주
稽首觀音大悲呪

자비로운 관세음께 절하옵나니

원력홍심상호신
願力弘深相好身

크신원력 원만상호 갖추시옵고

천비장엄보호지
千臂莊嚴普護持

천손으로 중생들을 거두시오며

천안광명변관조
千眼光明遍觀照

천눈으로 광명비춰 두루살피네

진실어중선밀어
眞實語中宣密語
진실하온 말씀중에 다라니펴고

무위심내기비심
無爲心內起悲心
함이없는 마음중에 자비심내어

속령만족제희구
速令滿足諸希求
온갖소원 지체없이 이뤄주시고

영사멸제제죄업
永使滅除諸罪業
모든죄업 길이길이 없애주시네

천룡중성동자호
天龍衆聖同慈護
천룡들과 성현들이 옹호하시고

백천삼매돈훈수
百千三昧頓熏修
백천삼매 한순간에 이루어지니

수지신시광명당
受持身是光明幢
이다라니 지닌몸은 광명당이요

수지심시신통장
受持心是神通藏
이다라니 지닌마음 신통장이라

세척진로원제해
洗滌塵勞願濟海
모든번뇌 씻어내고 고해를건너

초증보리방편문
超證菩提方便門
보리도의 방편문을 얻게되오며

아금칭송서귀의
我今稱誦誓歸依
제가이제 지송하고 귀의하오니

소원종심실원만
所願從心悉圓滿
온갖소원 마음따라 이뤄지이다

나무대비관세음
南無大悲觀世音
자비하신 관세음께 귀의하오니

원아속지일체법
願我速知一切法
일체법을 어서속히 알아지이다

나무대비관세음
南無大悲觀世音
자비하신 관세음께 귀의하오니

원아조득지혜안
願我早得智慧眼
지혜의눈 어서어서 얻어지이다

나무대비관세음
南無大悲觀世音
자비하신 관세음께 귀의하오니

원아속도일체중
願我速度一切衆
모든중생 어서속히 건네지이다

나무대비관세음
南無大悲觀世音
자비하신 관세음께 귀의하오니

원아조득선방편
願我早得善方便
좋은방편 어서어서 얻어지이다

나무대비관세음
南無大悲觀世音
자비하신 관세음께 귀의하오니

원아속승반야선
願我速乘般若船
지혜의배 어서속히 올라지이다

나무대비관세음
南無大悲觀世音
자비하신 관세음께 귀의하오니

원아조득월고해
願我早得越苦海
고통바다 어서어서 건너지이다

나무대비관세음
南無大悲觀世音
자비하신 관세음께 귀의하오니

원아속득계정도
願我速得戒定道
계정혜를 어서속히 얻어지이다

나무대비관세음
南無大悲觀世音
자비하신 관세음께 귀의하오니

원아조등원적산
願我早登圓寂山
열반언덕 어서어서 올라지이다

나무대비관세음
南無大悲觀世音
자비하신 관세음께 귀의하오니

원아속회무위사
願我速會無爲舍
무위집에 어서속히 들어지이다

나무대비관세음
南無大悲觀世音
자비하신 관세음께 귀의하오니

원아조동법성신
願我早同法性身
진리의몸 어서어서 이뤄지이다

아약향도산
我若向刀山
칼산지옥 제가가면

도산자최절
刀山自催折
칼날절로 꺾여지고

아약향화탕
我若向火湯
화탕지옥 제가가면

화탕자소멸
火湯自消滅
화탕절로 사라지며

아약향지옥
我若向地獄
지옥세계 제가가면

지옥자고갈
地獄自枯渴
지옥절로 없어지고

아약향아귀
我若向餓鬼
아귀세계 제가가면

아귀자포만
餓鬼自飽滿
아귀절로 배부르며

아약향수라
我若向修羅
수라세계 제가가면

악심자조복
惡心自調伏
악한마음 선해지고

아약향축생
我若向畜生
축생세계 제가가면

자득대지혜
自得大智慧
지혜절로 얻어지이다

南無觀世音菩薩摩訶薩　나무관세음보살마하살

南無大勢至菩薩摩訶薩　나무대세지보살마하살

南無千手菩薩摩訶薩　나무천수보살마하살

南無如意輪菩薩摩訶薩　나무여의륜보살마하살

南無大輪菩薩摩訶薩　나무대륜보살마하살

南無觀自在菩薩摩訶薩　나무관자재보살마하살

南無正趣菩薩摩訶薩　나무정취보살마하살

南無滿月菩薩摩訶薩 　나무만월보살마하살

南無水月菩薩摩訶薩 　나무수월보살마하살

南無軍茶利菩薩摩訶薩 　나무군다리보살마하살

南無十一面菩薩摩訶薩 　나무십일면보살마하살

南無諸大菩薩摩訶薩 　나무제대보살마하살

南無本師阿彌陀佛 　나무본사아미타불

南無本師阿彌陀佛 　나무본사아미타불

南無本師阿彌陀佛 　나무본사아미타불

신묘장구대다라니 神妙章句大陀羅尼

나모라 다나다라 야야 나막알약 바로기제 새

바라야 모지사다바야 마하사다바야 마하가

로니가야

옴 살바 바예수 다라나 가라야 다사명 나막

까리다바 이맘알야 바로기제 새바라다바 니

라간타 나막하리나야 마발다 이사미 살발타

사다남 수반 아예염 살바 보다남 바바말아
미수다감 다냐타 옴 아로게 아로가 마지로가
지가란제 혜혜하례 마하모지 사다바 사마라
사마라 하리나야 구로구로 갈마 사다야 사다
야 도로도로 미연제 마하미연제 다라다라 다
린 나례 새바라 자라자라 마라 미마라 아마
라 몰제 예혜혜 로계 새바라 라아미사미 나
사야 나베 사미사미 나사야 모하자라 미사미
나사야 호로호로 마라호로 하례 바나마 나바
사라사라 시리시리 소로소로 못쟈못쟈 모다
야 모다야
매다리야 니라간타 가마사 날사남 바라하라
나야 마낙 사바하
싯다야 사바하
마하싯다야 사바하
싯다 유예 새바라야 사바하
니라간타야 사바하
바라하 목카 싱하 목카야 사바하

바나마 하따야 사바하

자가라 욕다야 사바하

상카섭나녜 모다나야 사바하

마하라 구타다라야 사바하

바마사간타 이사시쳬다 가릿나 이나야 사바하

먀가라 잘마 이바사나야 사바하

나모라 다나다라 야야 나막알야 바로기제 새
바라야 사바하

나모라 다나다라 야야 나막알야 바로기제 새
바라야 사바하

나모라 다나다라 야야 나막알야 바로기제 새
바라야 사바하

四方讚

일쇄동방결도량
一灑東方潔道場

이쇄남방득청량
二灑南方得淸凉

삼쇄서방구정토
三灑西方俱淨土

사쇄북방영안강
四灑北方永安康

사방찬

동방에~ 물뿌리니 도량이맑고

남방에~ 물뿌리니 청량얼으며

서방에~ 물뿌리니 정토이루고

북방에~ 물뿌리니 평안해지네

道場讚 / 도량찬

도량청정무하예
道場清淨無瑕穢
온도량이 청정하여 티끌없으니

삼보천룡강차지
三寶天龍降此地
삼보천룡 이도량에 강림하시네

아금지송묘진언
我今持誦妙眞言
제가이제 묘한진언 외우옵나니

원사자비밀가호
願賜慈悲密加護
대자대비 베푸시어 가호하소서

懺悔偈 / 참회게

아석소조제악업
我昔所造諸惡業
지난세월 제가지은 모든악업은

개유무시탐진치
皆由無始貪瞋癡
옛적부터 탐진치로 말미암아서

종신구의지소생
從身口意之所生
몸과말과 생각으로 지었사오니

일체아금개참회
一切我今皆懺悔
제가이제 모든죄업 참회합니다

懺除業障十二尊佛 / 참제업장십이존불

南無懺除業障寶勝藏佛
나무참제업장보승장불

寶光王火炎照佛
보광왕화염조불

一切香火自在力王佛
일체향화자재력왕불

百億恒河沙決定佛
백억항하사결정불

振威德佛
진위덕불

金剛堅強消伏壞散佛	금강견강소복괴산불
寶光月殿妙音尊王佛	보광월전묘음존왕불
歡喜藏摩尼寶積佛	환희장마니보적불
無盡香勝王佛	무진향승왕불
獅子月佛	사자월불
歡喜莊嚴珠王佛	환희장엄주왕불
帝寶幢摩尼勝光佛	제보당마니승광불

十惡懺悔　　십악참회

살생중죄금일참회 殺生重罪今日懺悔	살생으로 지은죄업 참회합니다
투도중죄금일참회 偸盜重罪今日懺悔	도둑질로 지은죄업 참회합니다
사음중죄금일참회 邪淫重罪今日懺悔	사음으로 지은죄업 참회합니다
망어중죄금일참회 妄語重罪今日懺悔	거짓말로 지은죄업 참회합니다
기어중죄금일참회 綺語重罪今日懺悔	꾸민말로 지은죄업 참회합니다
양설중죄금일참회 兩說重罪今日懺悔	이간질로 지은죄업 참회합니다
악구중죄금일참회 惡口重罪今日懺悔	악한말로 지은죄업 참회합니다
탐애중죄금일참회 貪愛重罪今日懺悔	탐욕으로 지은죄업 참회합니다
진에중죄금일참회 瞋恚重罪今日懺悔	성냄으로 지은죄업 참회합니다

치암중죄금일참회
癡暗重罪今日懺悔
어리석어 지은죄업 참회합니다

백겁적집죄
百劫積集罪
오랜세월 쌓인죄업

일념돈탕제
一念頓蕩除
한생각에 없어지니

여화분고초
如火焚枯草
마른풀이 타버리듯

멸진무유여
滅盡無有餘
남김없이 사라지네

죄무자성종심기
罪無自性從心起
죄의자성 본래없어 마음따라 일어나니

심약멸시죄역망
心若滅時罪亦亡
마음이~ 사라지면 죄도함께 없어지네

죄망심멸양구공
罪亡心滅兩俱空
모든죄가 없어지고 마음조차 사라져서

시즉명위진참회
是卽名爲眞懺悔
죄와마음 공해지면 진실한~ 참회라네

참회진언 懺悔眞言

옴 살바못자 모지 사다야 사바하

옴 살바못자 모지 사다야 사바하

옴 살바못자 모지 사다야 사바하

준제공덕취
准提功德聚
준제주는 모든공덕 보고이어라

적정심상송 寂靜心常誦	고요한~ 마음으로 항상외우면
일체제대난 一切諸大難	이세상~ 그어떠한 재난이라도
무능침시인 無能侵是人	이사람을 절대로~ 침범못하며
천상급인간 天上及人間	하늘이나 사람이나 모든중생이
수복여불등 受福如佛等	부처님과 다름없는 복을받으니
우차여의주 遇此如意珠	이와같은 여의주를 지니는이는
정획무등등 定獲無等等	결정코~ 최상의법 이루오리라

南無七俱咥佛母大准提菩薩　나무칠구지불모대준제보살

南無七俱咥佛母大准提菩薩　나무칠구지불모대준제보살

南無七俱咥佛母大准提菩薩　나무칠구지불모대준제보살

정법계진언 淨法界眞言
옴남 옴남 옴남

호신진언 護身眞言
옴치림 옴치림 옴치림

觀世音菩薩 本心微妙 六字大明王眞言
관세음보살 본심미묘 육자대명왕진언

옴 마니 반메 훔

옴 마니 반메 훔

옴 마니 반메 훔

준제진언 准提眞言

나무 사다남 삼먁삼못다 구치남 다냐타

옴 자례주례 준제 사바하 부림

옴 자례주례 준제 사바하 부림

옴 자례주례 준제 사바하 부림

아금지송대준제
我今持誦大准提
제가이제 준제주를 지송하오니

즉발보리광대원
卽發菩提廣大願
보리심을 발하오며 큰원세우고

원아정혜속원명
願我定慧速圓明
선정지혜 어서속히 밝아지오며

원아공덕개성취
願我功德皆成就
모든공덕 남김없이 성취하옵고

원아승복변장엄
願我勝福遍莊嚴
수승한복 두루두루 장엄하오며

원공중생성불도
願共衆生成佛道
모든중생 깨달음을 이뤄지이다

如來十大發願文 여래십대발원문

원아영리삼악도 원하오니 삼악도를 길이여의고
願我永離三惡道

원아속단탐진치 탐진치~ 삼독심을 속히끊으며
願我速斷貪瞋癡

원아상문불법승 불법승~ 삼보이름 항상듣고서
願我常聞佛法僧

원아근수계정혜 계정혜~ 삼학도를 힘써닦으며
願我勤修戒定慧

원아항수제불학 부처님을 따라서~ 항상배우고
願我恒隨諸佛學

원아불퇴보리심 원컨대~ 보리심에 항상머물며
願我不退菩提心

원아결정생안양 결정코~ 극락세계 가서태어나
願我決定生安養

원아속견아미타 아미타~ 부처님을 친견하옵고
願我速見阿彌陀

원아분신변진찰 온세계~ 모든국토 몸을나투어
願我分身遍塵刹

원아광도제중생 모든중생 빠짐없이 건져지이다
願我廣度諸衆生

發四弘誓願 발사홍서원

중생무변서원도 가없는~ 중생을~ 건지오리다
衆生無邊誓願度

번뇌무진서원단 끝없는~ 번뇌를~ 끊으오리다
煩惱無盡誓願斷

법문무량서원학 한없는~ 법문을~ 배우오리다
法門無量誓願學

불도무상서원성 위없는~ 불도를~ 이루오리다
佛道無上誓願成

자성중생서원도 자성의~ 중생을~ 건지오리다
自性衆生誓願度

자성번뇌서원단
自性煩惱誓願斷
자성의~ 번뇌를~ 끊으오리다

자성법문서원학
自性法門誓願學
자성의~ 법문을~ 배우오리다

자성불도서원성
自性佛道誓願成
자성의~ 불도를~ 이루오리다

발원이 귀명례삼보
發願已 歸命禮三寶
제가이제 삼보님께 귀명합니다

나무상주시방불
南無常住十方佛
시방세계 부처님께 귀명합니다

나무상주시방법
南無常住十方法
시방세계 가르침에 귀명합니다

나무상주시방승
南無常住十方僧
시방세계 스님들께 귀명합니다

나무상주시방불
南無常住十方佛
시방세계 부처님께 귀명합니다

나무상주시방법
南無常住十方法
시방세계 가르침에 귀명합니다

나무상주시방승
南無常住十方僧
시방세계 스님들께 귀명합니다

나무상주시방불
南無常住十方佛
시방세계 부처님께 귀명합니다

나무상주시방법
南無常住十方法
시방세계 가르침에 귀명합니다

나무상주시방승
南無常住十方僧
시방세계 스님들께 귀명합니다

불기 25   년   월   일 불자   제   회 사경

천 수 경

정구업진언 淨口業眞言

수리수리 마하수리 수수리 사바하

수리수리 마하수리 수수리 사바하

수리수리 마하수리 수수리 사바하

오방내외안위제신진언 五方內外安慰諸神眞言

나무 사만다 못다남 옴 도로도로 지미 사바하

나무 사만다 못다남 옴 도로도로 지미 사바하

나무 사만다 못다남 옴 도로도로 지미 사바하

開經偈

개경게

무상심심미묘법
無上甚深微妙法

위없이~ 심히깊은 미묘한법을

백천만겁난조우
百千萬劫難遭遇

백천만겁 지난들~ 어찌만나리

아금문견득수지
我今聞見得受持

제가이제 보고듣고 받아지니니

원해여래진실의
願解如來眞實意

부처님의 진실한뜻 알아지이다

개법장진언　開法藏眞言

옴 아라남 아라다

옴 아라남 아라다

옴 아라남 아라다

천수천안관자재보살
千手千眼觀自在菩薩

천수천안 관음보살 광대하고

광대원만무애대비심
廣大圓滿無碍大悲心

원만하며 걸림없는 대비심의

대다라니 계청
大陀羅尼 啓請

다라니를 청하옵니다

계수관음대비주
稽首觀音大悲呪

자비로운 관세음께 절하옵나니

원력홍심상호신
願力弘深相好身

크신원력 원만상호 갖추시옵고

천비장엄보호지
千臂莊嚴普護持

천손으로 중생들을 거두시오며

천안광명변관조
千眼光明遍觀照

천눈으로 광명비춰 두루살피네

53

진실어중선밀어
眞實語中宣密語
진실하온 말씀중에 다라니펴고

무위심내기비심
無爲心內起悲心
함이없는 마음중에 자비심내어

속령만족제희구
速令滿足諸希求
온갖소원 지체없이 이뤄주시고

영사멸제제죄업
永使滅除諸罪業
모든죄업 길이길이 없애주시네

천룡중성동자호
天龍衆聖同慈護
천룡들과 성현들이 옹호하시고

백천삼매돈훈수
百千三昧頓熏修
백천삼매 한순간에 이루어지니

수지신시광명당
受持身是光明幢
이다라니 지닌몸은 광명당이요

수지심시신통장
受持心是神通藏
이다라니 지닌마음 신통장이라

세척진로원제해
洗滌塵勞願濟海
모든번뇌 씻어내고 고해를건너

초증보리방편문
超證菩提方便門
보리도의 방편문을 얻게되오며

아금칭송서귀의
我今稱誦誓歸依
제가이제 지송하고 귀의하오니

소원종심실원만
所願從心悉圓滿
온갖소원 마음따라 이뤄지이다

나무대비관세음
南無大悲觀世音
자비하신 관세음께 귀의하오니

원아속지일체법
願我速知一切法
일체법을 어서속히 알아지이다

나무대비관세음
南無大悲觀世音
자비하신 관세음께 귀의하오니

원아조득지혜안
願我早得智慧眼
지혜의눈 어서어서 얻어지이다

나무대비관세음
南無大悲觀世音
자비하신 관세음께 귀의하오니

원아속도일체중
願我速度一切衆
모든중생 어서속히 건네지이다

나무대비관세음
南無大悲觀世音
자비하신 관세음께 귀의하오니

원아조득선방편
願我早得善方便
좋은방편 어서어서 얻어지이다

나무대비관세음
南無大悲觀世音
자비하신 관세음께 귀의하오니

원아속승반야선
願我速乘般若船
지혜의배 어서속히 올라지이다

나무대비관세음
南無大悲觀世音
자비하신 관세음께 귀의하오니

원아조득월고해
願我早得越苦海
고통바다 어서어서 건너지이다

나무대비관세음
南無大悲觀世音
자비하신 관세음께 귀의하오니

원아속득계정도
願我速得戒定道
계정혜를 어서속히 얻어지이다

나무대비관세음
南無大悲觀世音
자비하신 관세음께 귀의하오니

원아조등원적산
願我早登圓寂山
열반언덕 어서어서 올라지이다

나무대비관세음
南無大悲觀世音
자비하신 관세음께 귀의하오니

원아속회무위사
願我速會無爲舍
무위집에 어서속히 들어지이다

나무대비관세음
南無大悲觀世音
자비하신 관세음께 귀의하오니

원아조동법성신
願我早同法性身
진리의몸 어서어서 이뤄지이다

아약향도산
我若向刀山
칼산지옥 제가가면

도산자최절
刀山自催折
칼날절로 꺾여지고

아약향화탕	화탕지옥 제가가면
我 若 向 火 湯	
화탕자소멸	화탕절로 사라지며
火 湯 自 消 滅	
아약향지옥	지옥세계 제가가면
我 若 向 地 獄	
지옥자고갈	지옥절로 없어지고
地 獄 自 枯 渴	
아약향아귀	아귀세계 제가가면
我 若 向 餓 鬼	
아귀자포만	아귀절로 배부르며
餓 鬼 自 飽 滿	
아약향수라	수라세계 제가가면
我 若 向 修 羅	
악심자조복	악한마음 선해지고
惡 心 自 調 伏	
아약향축생	축생세계 제가가면
我 若 向 畜 生	
자득대지혜	지혜절로 얻어지이다
自 得 大 智 慧	

南無觀世音菩薩摩訶薩	나무관세음보살마하살
南無大勢至菩薩摩訶薩	나무대세지보살마하살
南無千手菩薩摩訶薩	나무천수보살마하살
南無如意輪菩薩摩訶薩	나무여의륜보살마하살
南無大輪菩薩摩訶薩	나무대륜보살마하살
南無觀自在菩薩摩訶薩	나무관자재보살마하살
南無正趣菩薩摩訶薩	나무정취보살마하살

南無滿月菩薩摩訶薩　　나무만월보살마하살

南無水月菩薩摩訶薩　　나무수월보살마하살

南無軍茶利菩薩摩訶薩　나무군다리보살마하살

南無十一面菩薩摩訶薩　나무십일면보살마하살

南無諸大菩薩摩訶薩　　나무제대보살마하살

南無本師阿彌陀佛　　　나무본사아미타불

南無本師阿彌陀佛　　　나무본사아미타불

南無本師阿彌陀佛　　　나무본사아미타불

신묘장구대다라니 神妙章句大陀羅尼

나모라 다나다라 야야 나막알약 바로기제 새
바라야 모지사다바야 마하사다바야 마하가
로니가야
옴 살바 바예수 다라나 가라야 다사명 나막
까리다바 이맘알야 바로기제 새바라다바 니
라간타 나막하리나야 마발다 이사미 살발타

사다남 수반 아예염 살바 보다남 바바말아
미수다감 다냐타 옴 아로게 아로가 마지로가
지가란제 헤헤하례 마하모지 사다바 사마라
사마라 하리나야 구로구로 갈마 사다야 사다
야 도로도로 미연제 마하미연제 다라다라 다
린 나례 새바라 자라자라 마라 미마라 아마
라 몰제 예헤헤 로계 새바라 라아미사미 나
사야 나베 사미사미 나사야 모하자라 미사미
나사야 호로호로 마라호로 하례 바나마 나바
사라사라 시리시리 소로소로 못쟈못쟈 모다
야 모다야
매다리야 니라간타 가마사 날사남 바라하라
나야 마낙 사바하
싯다야 사바하
마하싯다야 사바하
싯다 유예 새바라야 사바하
니라간타야 사바하
바라하 목카 싱하 목카야 사바하

바나마 하따야 사바하

자가라 욕다야 사바하

상카섭나녜 모다나야 사바하

마하라 구타다라야 사바하

바마사간타 이사시체다 가릿니 이나야 사바하

먀가라 잘마 이바사나야 사바하

나모라 다나다리 야야 나막알야 바로기제 새
바라야 사바하

나모라 다나다리 야야 나막알야 바로기제 새
바라야 사바하

나모라 다나다리 야야 나막알야 바로기제 새
바라야 사바하

四方讚

일쇄동방결도량
一灑東方潔道場

이쇄남방득청량
二灑南方得淸凉

삼쇄서방구정토
三灑西方俱淨土

사쇄북방영안강
四灑北方永安康

사방찬

동방에~ 물뿌리니 도량이맑고

남방에~ 물뿌리니 청량얻으며

서방에~ 물뿌리니 정토이루고

북방에~ 물뿌리니 평안해지네

道場讚 도량찬

도량청정무하예
道場清淨無瑕穢
온 도량이 청정하여 티끌없으니

삼보천룡강차지
三寶天龍降此地
삼보천룡 이도량에 강림하시네

아금지송묘진언
我今持誦妙眞言
제가이제 묘한진언 외우옵나니

원사자비밀가호
願賜慈悲密加護
대자대비 베푸시어 가호하소서

懺悔偈 참회게

아석소조제악업
我昔所造諸惡業
지난세월 제가지은 모든악업은

개유무시탐진치
皆由無始貪瞋癡
옛적부터 탐진치로 말미암아서

종신구의지소생
從身口意之所生
몸과말과 생각으로 지었사오니

일체아금개참회
一切我今皆懺悔
제가이제 모든죄업 참회합니다

懺除業障十二尊佛 참제업장십이존불

南無懺除業障寶勝藏佛
나무참제업장보승장불

寶光王火炎照佛
보광왕화염조불

一切香火自在力王佛
일체향화자재력왕불

百億恒河沙決定佛
백억항하사결정불

振威德佛
진위덕불

金剛堅强消伏壞散佛　　금강견강소복괴산불

寶光月殿妙音尊王佛　　보광월전묘음존왕불

歡喜藏摩尼寶積佛　　환희장마니보적불

無盡香勝王佛　　무진향승왕불

獅子月佛　　사자월불

歡喜莊嚴珠王佛　　환희장엄주왕불

帝寶幢摩尼勝光佛　　제보당마니승광불

十惡懺悔　　십악참회

살생중죄금일참회　　살생으로 지은죄업 참회합니다
殺生重罪今日懺悔

투도중죄금일참회　　도둑질로 지은죄업 참회합니다
偸盜重罪今日懺悔

사음중죄금일참회　　사음으로 지은죄업 참회합니다
邪淫重罪今日懺悔

망어중죄금일참회　　거짓말로 지은죄업 참회합니다
妄語重罪今日懺悔

기어중죄금일참회　　꾸민말로 지은죄업 참회합니다
綺語重罪今日懺悔

양설중죄금일참회　　이간질로 지은죄업 참회합니다
兩說重罪今日懺悔

악구중죄금일참회　　악한말로 지은죄업 참회합니다
惡口重罪今日懺悔

탐애중죄금일참회　　탐욕으로 지은죄업 참회합니다
貪愛重罪今日懺悔

진에중죄금일참회　　성냄으로 지은죄업 참회합니다
瞋恚重罪今日懺悔

치암중죄금일참회
癡暗重罪今日懺悔
어리석어 지은죄업 참회합니다

백겁적집죄
百劫積集罪
오랜세월 쌓인죄업

일념돈탕제
一念頓蕩除
한생각에 없어지니

여화분고초
如火焚枯草
마른풀이 타버리듯

멸진무유여
滅盡無有餘
남김없이 사라지네

죄무자성종심기
罪無自性從心起
죄의자성 본래없어 마음따라 일어나니

심약멸시죄역망
心若滅時罪亦亡
마음이~ 사라지면 죄도함께 없어지네

죄망심멸양구공
罪亡心滅兩俱空
모든죄가 없어지고 마음조차 사라져서

시즉명위진참회
是卽名爲眞懺悔
죄와마음 공해지면 진실한~ 참회라네

참회진언 懺悔眞言

옴 살바못자 모지 사다야 사바하

옴 살바못자 모지 사다야 사바하

옴 살바못자 모지 사다야 사바하

준제공덕취
准提功德聚
준제주는 모든공덕 보고이어라

적정심상송 寂靜心常誦	고요한~ 마음으로 항상외우면
일체제대난 一切諸大難	이세상~ 그어떠한 재난이라도
무능침시인 無能侵是人	이사람을 절대로~ 침범못하며
천상급인간 天上及人間	하늘이나 사람이나 모든중생이
수복여불등 受福如佛等	부처님과 다름없는 복을받으니
우차여의주 遇此如意珠	이와같은 여의주를 지니는이는
정획무등등 定獲無等等	결정코~ 최상의법 이루오리라

南無七俱咀佛母大准提菩薩	나무칠구지불모대준제보살
南無七俱咀佛母大准提菩薩	나무칠구지불모대준제보살
南無七俱咀佛母大准提菩薩	나무칠구지불모대준제보살

정법계진언 淨法界眞言
옴남 옴남 옴남

호신진언 護身眞言
옴치림 옴치림 옴치림

觀世音菩薩 本心微妙 六字大明王眞言
관세음보살 본심미묘 육자대명왕진언

옴 마니 반메 훔

옴 마니 반메 훔

옴 마니 반메 훔

준제진언 **准提眞言**

나무 사다남 삼먁삼못다 구치남 다냐타

옴 자례주례 준제 사바하 부림

옴 자례주례 준제 사바하 부림

옴 자례주례 준제 사바하 부림

아금지송대준제
我今持誦大准提
제가이제 준제주를 지송하오니

즉발보리광대원
卽發菩提廣大願
보리심을 발하오며 큰원세우고

원아정혜속원명
願我定慧速圓明
선정지혜 어서속히 밝아지오며

원아공덕개성취
願我功德皆成就
모든공덕 남김없이 성취하옵고

원아승복변장엄
願我勝福遍莊嚴
수승한복 두루두루 장엄하오며

원공중생성불도
願共衆生成佛道
모든중생 깨달음을 이뤄지이다

如來十大發願文 / 여래십대발원문

원아영리삼악도	원하오니 삼악도를 길이여의고
願我永離三惡道	
원아속단탐진치	탐진치~ 삼독심을 속히끊으며
願我速斷貪瞋癡	
원아상문불법승	불법승~ 삼보이름 항상듣고서
願我常聞佛法僧	
원아근수계정혜	계정혜~ 삼학도를 힘써닦으며
願我勤修戒定慧	
원아항수제불학	부처님을 따라서~ 항상배우고
願我恒隨諸佛學	
원아불퇴보리심	원컨대~ 보리심에 항상머물며
願我不退菩提心	
원아결정생안양	결정코~ 극락세계 가서태어나
願我決定生安養	
원아속견아미타	아미타~ 부처님을 친견하옵고
願我速見阿彌陀	
원아분신변진찰	온세계~ 모든국토 몸을나투어
願我分身遍塵刹	
원아광도제중생	모든중생 빠짐없이 건져지이다
願我廣度諸衆生	

發四弘誓願 / 발사홍서원

중생무변서원도	가없는~ 중생을~ 건지오리다
衆生無邊誓願度	
번뇌무진서원단	끝없는~ 번뇌를~ 끊으오리다
煩惱無盡誓願斷	
법문무량서원학	한없는~ 법문을~ 배우오리다
法門無量誓願學	
불도무상서원성	위없는~ 불도를~ 이루오리다
佛道無上誓願成	
자성중생서원도	자성의~ 중생을~ 건지오리다
自性衆生誓願度	

자성번뇌서원단
自性煩惱誓願斷
자성의~ 번뇌를~ 끊으오리다

자성법문서원학
自性法門誓願學
자성의~ 법문을~ 배우오리다

자성불도서원성
自性佛道誓願成
자성의~ 불도를~ 이루오리다

발원이 귀명례삼보
發願已 歸命禮三寶
제가이제 삼보님께 귀명합니다

나무상주시방불
南無常住十方佛
시방세계 부처님께 귀명합니다

나무상주시방법
南無常住十方法
시방세계 가르침에 귀명합니다

나무상주시방승
南無常住十方僧
시방세계 스님들께 귀명합니다

나무상주시방불
南無常住十方佛
시방세계 부처님께 귀명합니다

나무상주시방법
南無常住十方法
시방세계 가르침에 귀명합니다

나무상주시방승
南無常住十方僧
시방세계 스님들께 귀명합니다

나무상주시방불
南無常住十方佛
시방세계 부처님께 귀명합니다

나무상주시방법
南無常住十方法
시방세계 가르침에 귀명합니다

나무상주시방승
南無常住十方僧
시방세계 스님들께 귀명합니다

불기 25   년   월   일 불자   제   회 사경

千 手 經
천 수 경

정구업진언 淨口業眞言

수리수리 마하수리 수수리 사바하

수리수리 마하수리 수수리 사바하

수리수리 마하수리 수수리 사바하

오방내외안위제신진언 五方內外安慰諸神眞言

나무 사만다 못다남 옴 도로도로 지미 사바하

나무 사만다 못다남 옴 도로도로 지미 사바하

나무 사만다 못다남 옴 도로도로 지미 사바하

開經偈 개경게

무상심심미묘법
無上甚深微妙法
위없이~ 심히깊은 미묘한법을

백천만겁난조우
百千萬劫難遭遇
백천만겁 지난들~ 어찌만나리

아금문견득수지
我今聞見得受持
제가이제 보고듣고 받아지니니

원해여래진실의
願解如來眞實意
부처님의 진실한뜻 알아지이다

개법장진언 開法藏眞言

옴 아라남 아라다

옴 아라남 아라다

옴 아라남 아라다

천수천안관자재보살
千手千眼觀自在菩薩
천수천안 관음보살 광대하고

광대원만무애대비심
廣大圓滿無碍大悲心
원만하며 걸림없는 대비심의

대다라니 계청
大陀羅尼 啓請
다라니를 청하옵니다

계수관음대비주
稽首觀音大悲呪
자비로운 관세음께 절하옵나니

원력홍심상호신
願力弘深相好身
크신원력 원만상호 갖추시옵고

천비장엄보호지
千臂莊嚴普護持
천손으로 중생들을 거두시오며

천안광명변관조
千眼光明遍觀照
천눈으로 광명비춰 두루살피네

진실어중선밀어
眞實語中宣密語
진실하온 말씀중에 다라니펴고

무위심내기비심
無爲心內起悲心
함이없는 마음중에 자비심내어

속령만족제희구
速令滿足諸希求
온갖소원 지체없이 이뤄주시고

영사멸제제죄업
永使減除諸罪業
모든죄업 길이길이 없애주시네

천룡중성동자호
天龍衆聖同慈護
천룡들과 성현들이 옹호하시고

백천삼매돈훈수
百千三昧頓熏修
백천삼매 한순간에 이루어지니

수지신시광명당
受持身是光明幢
이다라니 지닌몸은 광명당이요

수지심시신통장
受持心是神通藏
이다라니 지닌마음 신통장이라

세척진로원제해
洗滌塵勞願濟海
모든번뇌 씻어내고 고해를건너

초증보리방편문
超證菩提方便門
보리도의 방편문을 얻게되오며

아금칭송서귀의
我今稱誦誓歸依
제가이제 지송하고 귀의하오니

소원종심실원만
所願從心悉圓滿
온갖소원 마음따라 이뤄지이다

나무대비관세음
南無大悲觀世音
자비하신 관세음께 귀의하오니

원아속지일체법
願我速知一切法
일체법을 어서속히 알아지이다

나무대비관세음
南無大悲觀世音
자비하신 관세음께 귀의하오니

원아조득지혜안
願我早得智慧眼
지혜의눈 어서어서 얻어지이다

나무대비관세음
南無大悲觀世音
자비하신 관세음께 귀의하오니

원아속도일체중
願我速度一切衆

모든중생 어서속히 건네지이다

나무대비관세음
南無大悲觀世音

자비하신 관세음께 귀의하오니

원아조득선방편
願我早得善方便

좋은방편 어서어서 얻어지이다

나무대비관세음
南無大悲觀世音

자비하신 관세음께 귀의하오니

원아속승반야선
願我速乘般若船

지혜의배 어서속히 올라지이다

나무대비관세음
南無大悲觀世音

자비하신 관세음께 귀의하오니

원아조득월고해
願我早得越苦海

고통바다 어서어서 건너지이다

나무대비관세음
南無大悲觀世音

자비하신 관세음께 귀의하오니

원아속득계정도
願我速得戒定道

계정혜를 어서속히 얻어지이다

나무대비관세음
南無大悲觀世音

자비하신 관세음께 귀의하오니

원아조등원적산
願我早登圓寂山

열반언덕 어서어서 올라지이다

나무대비관세음
南無大悲觀世音

자비하신 관세음께 귀의하오니

원아속회무위사
願我速會無爲舍

무위집에 어서속히 들어지이다

나무대비관세음
南無大悲觀世音

자비하신 관세음께 귀의하오니

원아조동법성신
願我早同法性身

진리의몸 어서어서 이뤄지이다

아약향도산
我若向刀山

칼산지옥 제가가면

도산자최절
刀山自催折

칼날절로 꺾여지고

아약향화탕
我若向火湯

화탕지옥 제가가면

화탕자소멸
火湯自消滅

화탕절로 사라지며

아약향지옥
我若向地獄

지옥세계 제가가면

지옥자고갈
地獄自枯渴

지옥절로 없어지고

아약향아귀
我若向餓鬼

아귀세계 제가가면

아귀자포만
餓鬼自飽滿

아귀절로 배부르며

아약향수라
我若向修羅

수라세계 제가가면

악심자조복
惡心自調伏

악한마음 선해지고

아약향축생
我若向畜生

축생세계 제가가면

자득대지혜
自得大智慧

지혜절로 얻어지이다

南無觀世音菩薩摩訶薩　나무관세음보살마하살

南無大勢至菩薩摩訶薩　나무대세지보살마하살

南無千手菩薩摩訶薩　나무천수보살마하살

南無如意輪菩薩摩訶薩　나무여의륜보살마하살

南無大輪菩薩摩訶薩　나무대륜보살마하살

南無觀自在菩薩摩訶薩　나무관자재보살마하살

南無正趣菩薩摩訶薩　나무정취보살마하살

71

南無滿月菩薩摩訶薩	나무만월보살마하살
南無水月菩薩摩訶薩	나무수월보살마하살
南無軍荼利菩薩摩訶薩	나무군다리보살마하살
南無十一面菩薩摩訶薩	나무십일면보살마하살
南無諸大菩薩摩訶薩	나무제대보살마하살
南無本師阿彌陀佛	나무본사아미타불
南無本師阿彌陀佛	나무본사아미타불
南無本師阿彌陀佛	나무본사아미타불

신묘장구대다라니 神妙章句大陀羅尼

나모라 다나다라 야야 나막알약 바로기제 새
바라야 모지사다바야 마하사다바야 마하가
로니가야

옴 살바 바예수 다라나 가라야 다사명 나막
까리다바 이맘알야 바로기제 새바라다바 니
라간타 나막하리나야 마발다 이사미 살발타

사다남 수반 아예염 살바 보다남 바바말아
미수다감 다냐타 옴 아로게 아로가 마지로가
지가란제 혜혜하례 마하모지 사다바 사마라
사마라 하리나야 구로구로 갈마 사다야 사다
야 도로도로 미연제 마하미연제 다라다라 다
린 나례 새바라 자라자라 마라 미마라 아마
라 몰제 예혜혜 로계 새바라 라아미사미 나
사야 나베 사미사미 나사야 모하자라 미사미
나사야 호로호로 마라호로 하례 바나마 나바
사라사라 시리시리 소로소로 못쟈못쟈 모다
야 모다야
매다리야 니라간타 가마사 날사남 바라하라
나야 마낙 사바하
싯다야 사바하
마하싯다야 사바하
싯다 유예 새바라야 사바하
니라간타야 사바하
바라하 목카 싱하 목카야 사바하

73

바나마 하따야 사바하

자가라 욕다야 사바하

상카섭나녜 모다나야 사바하

마하라 구타다리야 사바하

바마사간타 이사시체다 가릿나 이나야 사바하

먀가라 잘마 이바사나야 사바하

나모라 다나다라 야야 나막알야 바로기제 새
바라야 사바하

나모라 다나다라 야야 나막알야 바로기제 새
바라야 사바하

나모라 다나다라 야야 나막알야 바로기제 새
바라야 사바하

四方讚 　　사방찬

일쇄동방결도량　　동방에~ 물뿌리니 도량이맑고
一灑東方潔道場

이쇄남방득청량　　남방에~ 물뿌리니 청량얻으며
二灑南方得清凉

삼쇄서방구정토　　서방에~ 물뿌리니 정토이루고
三灑西方俱淨土

사쇄북방영안강　　북방에~ 물뿌리니 평안해지네
四灑北方永安康

74

道場讚 도량찬

도량청정무하예
道場淸淨無瑕穢
온도량이 청정하여 티끌없으니

삼보천룡강차지
三寶天龍降此地
삼보천룡 이도량에 강림하시네

아금지송묘진언
我今持誦妙眞言
제가이제 묘한진언 외우옵나니

원사자비밀가호
願賜慈悲密加護
대자대비 베푸시어 가호하소서

懺悔偈 참회게

아석소조제악업
我昔所造諸惡業
지난세월 제가지은 모든악업은

개유무시탐진치
皆由無始貪瞋癡
옛적부터 탐진치로 말미암아서

종신구의지소생
從身口意之所生
몸과말과 생각으로 지었사오니

일체아금개참회
一切我今皆懺悔
제가이제 모든죄업 참회합니다

懺除業障十二尊佛 참제업장십이존불

南無懺除業障寶勝藏佛
나무참제업장보승장불

寶光王火炎照佛
보광왕화염조불

一切香火自在力王佛
일체향화자재력왕불

百億恒河沙決定佛
백억항하사결정불

振威德佛
진위덕불

金剛堅强消伏壞散佛	금강견강소복괴산불
寶光月殿妙音尊王佛	보광월전묘음존왕불
歡喜藏摩尼寶積佛	환희장마니보적불
無盡香勝王佛	무진향승왕불
獅子月佛	사자월불
歡喜莊嚴珠王佛	환희장엄주왕불
帝寶幢摩尼勝光佛	제보당마니승광불

十惡懺悔　십악참회

살생중죄금일참회 殺生重罪今日懺悔	살생으로 지은죄업 참회합니다
투도중죄금일참회 偸盜重罪今日懺悔	도둑질로 지은죄업 참회합니다
사음중죄금일참회 邪淫重罪今日懺悔	사음으로 지은죄업 참회합니다
망어중죄금일참회 妄語重罪今日懺悔	거짓말로 지은죄업 참회합니다
기어중죄금일참회 綺語重罪今日懺悔	꾸민말로 지은죄업 참회합니다
양설중죄금일참회 兩說重罪今日懺悔	이간질로 지은죄업 참회합니다
악구중죄금일참회 惡口重罪今日懺悔	악한말로 지은죄업 참회합니다
탐애중죄금일참회 貪愛重罪今日懺悔	탐욕으로 지은죄업 참회합니다
진에중죄금일참회 瞋恚重罪今日懺悔	성냄으로 지은죄업 참회합니다

치암중죄금일참회
癡暗重罪今日懺悔
어리석어 지은죄업 참회합니다

백겁적집죄
百劫積集罪
오랜세월 쌓인죄업

일념돈탕제
一念頓蕩除
한생각에 없어지니

여화분고초
如火焚枯草
마른풀이 타버리듯

멸진무유여
滅盡無有餘
남김없이 사라지네

죄무자성종심기
罪無自性從心起
죄의자성 본래없어 마음따라 일어나니

심약멸시죄역망
心若滅時罪亦亡
마음이~ 사라지면 죄도함께 없어지네

죄망심멸양구공
罪亡心滅兩俱空
모든죄가 없어지고 마음조차 사라져서

시즉명위진참회
是卽名爲眞懺悔
죄와마음 공해지면 진실한~ 참회라네

참회진언 懺悔眞言

옴 살바못자 모지 사다야 사바하

옴 살바못자 모지 사다야 사바하

옴 살바못자 모지 사다야 사바하

준제공덕취
准提功德聚
준제주는 모든공덕 보고이어라

적정심상송 寂靜心常誦	고요한~ 마음으로 항상외우면
일체제대난 一切諸大難	이세상~ 그어떠한 재난이라도
무능침시인 無能侵是人	이사람을 절대로~ 침범못하며
천상급인간 天上及人間	하늘이나 사람이나 모든중생이
수복여불등 受福如佛等	부처님과 다름없는 복을받으니
우차여의주 遇此如意珠	이와같은 여의주를 지니는이는
정획무등등 定獲無等等	결정코~ 최상의법 이루오리라

南無七俱胝佛母大准提菩薩	나무칠구지불모대준제보살
南無七俱胝佛母大准提菩薩	나무칠구지불모대준제보살
南無七俱胝佛母大准提菩薩	나무칠구지불모대준제보살

정법계진언 淨法界眞言

옴 남 옴 남 옴 남

호신진언 護身眞言

옴 치림 옴 치림 옴 치림

觀世音菩薩 本心微妙 六字大明王眞言
관세음보살 본심미묘 육자대명왕진언

옴 마니 반메 훔

옴 마니 반메 훔

옴 마니 반메 훔

준제진언 **准提眞言**

나무 사다남 삼먁삼못다 구치남 다냐타

옴 자례주례 준제 사바하 부림

옴 자례주례 준제 사바하 부림

옴 자례주례 준제 사바하 부림

아금지송대준제   제가이제 준제주를 지송하오니
我今持誦大准提

즉발보리광대원   보리심을 발하오며 큰원세우고
卽發菩提廣大願

원아정혜속원명   선정지혜 어서속히 밝아지오며
願我定慧速圓明

원아공덕개성취   모든공덕 남김없이 성취하옵고
願我功德皆成就

원아승복변장엄   수승한복 두루두루 장엄하오며
願我勝福遍莊嚴

원공중생성불도   모든중생 깨달음을 이뤄지이다
願共衆生成佛道

如來十大發願文   여래십대발원문

원아영리삼악도
願我永離三惡道
   원하오니 삼악도를 길이여의고

원아속단탐진치
願我速斷貪瞋癡
   탐진치~ 삼독심을 속히끊으며

원아상문불법승
願我常聞佛法僧
   불법승~ 삼보이름 항상듣고서

원아근수계정혜
願我勤修戒定慧
   계정혜~ 삼학도를 힘써닦으며

원아항수제불학
願我恒隨諸佛學
   부처님을 따라서~ 항상배우고

원아불퇴보리심
願我不退菩提心
   원컨대~ 보리심에 항상머물며

원아결정생안양
願我決定生安養
   결정코~ 극락세계 가서태어나

원아속견아미타
願我速見阿彌陀
   아미타~ 부처님을 친견하옵고

원아분신변진찰
願我分身遍塵刹
   온세계~ 모든국토 몸을나투어

원아광도제중생
願我廣度諸衆生
   모든중생 빠짐없이 건져지이다

發四弘誓願   발사홍서원

중생무변서원도
衆生無邊誓願度
   가없는~ 중생을~ 건지오리다

번뇌무진서원단
煩惱無盡誓願斷
   끝없는~ 번뇌를~ 끊으오리다

법문무량서원학
法門無量誓願學
   한없는~ 법문을~ 배우오리다

불도무상서원성
佛道無上誓願成
   위없는~ 불도를~ 이루오리다

자성중생서원도
自性衆生誓願度
   자성의~ 중생을~ 건지오리다

자성번뇌서원단
自性煩惱誓願斷
자성의~ 번뇌를~ 끊으오리다

자성법문서원학
自性法門誓願學
자성의~ 법문을~ 배우오리다

자성불도서원성
自性佛道誓願成
자성의~ 불도를~ 이루오리다

발원이 귀명례삼보
發願已 歸命禮三寶
제가이제 삼보님께 귀명합니다

나무상주시방불
南無常住十方佛
시방세계 부처님께 귀명합니다

나무상주시방법
南無常住十方法
시방세계 가르침에 귀명합니다

나무상주시방승
南無常住十方僧
시방세계 스님들께 귀명합니다

나무상주시방불
南無常住十方佛
시방세계 부처님께 귀명합니다

나무상주시방법
南無常住十方法
시방세계 가르침에 귀명합니다

나무상주시방승
南無常住十方僧
시방세계 스님들께 귀명합니다

나무상주시방불
南無常住十方佛
시방세계 부처님께 귀명합니다

나무상주시방법
南無常住十方法
시방세계 가르침에 귀명합니다

나무상주시방승
南無常住十方僧
시방세계 스님들께 귀명합니다

불기 25   년   월   일 불자   제   회 사경

千 手 經
천수경

정구업진언 淨口業眞言

수리수리 마하수리 수수리 사바하

수리수리 마하수리 수수리 사바하

수리수리 마하수리 수수리 사바하

오방내외안위제신진언 五方內外安慰諸神眞言

나무 사만다 못다남 옴 도로도로 지미 사바하

나무 사만다 못다남 옴 도로도로 지미 사바하

나무 사만다 못다남 옴 도로도로 지미 사바하

開經偈

개경게

무상심심미묘법
無上甚深微妙法

위없이~ 심히깊은 미묘한법을

백천만겁난조우
百千萬劫難遭遇

백천만겁 지난들~ 어찌만나리

아금문견득수지
我今聞見得受持

제가이제 보고듣고 받아지니니

원해여래진실의
願解如來眞實意

부처님의 진실한뜻 알아지이다

개법장진언　開法藏眞言

옴 아라남 아라다

옴 아라남 아라다

옴 아라남 아라다

천수천안관자재보살
千手千眼觀自在菩薩

천수천안 관음보살 광대하고

광대원만무애대비심
廣大圓滿無碍大悲心

원만하며 걸림없는 대비심의

대다라니 계청
大陀羅尼 啓請

다라니를 청하옵니다

계수관음대비주
稽首觀音大悲呪

자비로운 관세음께 절하옵나니

원력홍심상호신
願力弘深相好身

크신원력 원만상호 갖추시옵고

천비장엄보호지
千臂莊嚴普護持

천손으로 중생들을 거두시오며

천안광명변관조
千眼光明遍觀照

천눈으로 광명비춰 두루살피네

진실어중선밀어
眞實語中宣密語
진실하온 말씀중에 다라니펴고

무위심내기비심
無爲心內起悲心
함이없는 마음중에 자비심내어

속령만족제희구
速令滿足諸希求
온갖소원 지체없이 이뤄주시고

영사멸제제죄업
永使減除諸罪業
모든죄업 길이길이 없애주시네

천룡중성동자호
天龍衆聖同慈護
천룡들과 성현들이 옹호하시고

백천삼매돈훈수
百千三昧頓熏修
백천삼매 한순간에 이루어지니

수지신시광명당
受持身是光明幢
이다라니 지닌몸은 광명당이요

수지심시신통장
受持心是神通藏
이다라니 지닌마음 신통장이라

세척진로원제해
洗滌塵勞願濟海
모든번뇌 씻어내고 고해를건너

초증보리방편문
超證菩提方便門
보리도의 방편문을 얻게되오며

아금칭송서귀의
我今稱誦誓歸依
제가이제 지송하고 귀의하오니

소원종심실원만
所願從心悉圓滿
온갖소원 마음따라 이뤄지이다

나무대비관세음
南無大悲觀世音
자비하신 관세음께 귀의하오니

원아속지일체법
願我速知一切法
일체법을 어서속히 알아지이다

나무대비관세음
南無大悲觀世音
자비하신 관세음께 귀의하오니

원아조득지혜안
願我早得智慧眼
지혜의눈 어서어서 얻어지이다

나무대비관세음
南無大悲觀世音
자비하신 관세음께 귀의하오니

원아속도일체중 　　　　　모든중생 어서속히 건네지이다
願我速度一切衆

나무대비관세음 　　　　　자비하신 관세음께 귀의하오니
南無大悲觀世音

원아조득선방편 　　　　　좋은방편 어서어서 얻어지이다
願我早得善方便

나무대비관세음 　　　　　자비하신 관세음께 귀의하오니
南無大悲觀世音

원아속승반야선 　　　　　지혜의배 어서속히 올라지이다
願我速乘般若船

나무대비관세음 　　　　　자비하신 관세음께 귀의하오니
南無大悲觀世音

원아조득월고해 　　　　　고통바다 어서어서 건너지이다
願我早得越苦海

나무대비관세음 　　　　　자비하신 관세음께 귀의하오니
南無大悲觀世音

원아속득계정도 　　　　　계정혜를 어서속히 얻어지이다
願我速得戒定道

나무대비관세음 　　　　　자비하신 관세음께 귀의하오니
南無大悲觀世音

원아조등원적산 　　　　　열반언덕 어서어서 올라지이다
願我早登圓寂山

나무대비관세음 　　　　　자비하신 관세음께 귀의하오니
南無大悲觀世音

원아속회무위사 　　　　　무위집에 어서속히 들어지이다
願我速會無爲舍

나무대비관세음 　　　　　자비하신 관세음께 귀의하오니
南無大悲觀世音

원아조동법성신 　　　　　진리의몸 어서어서 이뤄지이다
願我早同法性身

아약향도산 　　　　　칼산지옥 제가가면
我若向刀山

도산자최절 　　　　　칼날절로 꺾여지고
刀山自催折

아약향화탕
我若向火湯 화탕지옥 제가가면

화탕자소멸
火湯自消滅 화탕절로 사라지며

아약향지옥
我若向地獄 지옥세계 제가가면

지옥자고갈
地獄自枯渴 지옥절로 없어지고

아약향아귀
我若向餓鬼 아귀세계 제가가면

아귀자포만
餓鬼自飽滿 아귀절로 배부르며

아약향수라
我若向修羅 수라세계 제가가면

악심자조복
惡心自調伏 악한마음 선해지고

아약향축생
我若向畜生 축생세계 제가가면

자득대지혜
自得大智慧 지혜절로 얻어지이다

南無觀世音菩薩摩訶薩　나무관세음보살마하살

南無大勢至菩薩摩訶薩　나무대세지보살마하살

南無千手菩薩摩訶薩　나무천수보살마하살

南無如意輪菩薩摩訶薩　나무여의륜보살마하살

南無大輪菩薩摩訶薩　나무대륜보살마하살

南無觀自在菩薩摩訶薩　나무관자재보살마하살

南無正趣菩薩摩訶薩　나무정취보살마하살

南無滿月菩薩摩訶薩　　나무만월보살마하살

南無水月菩薩摩訶薩　　나무수월보살마하살

南無軍茶利菩薩摩訶薩　나무군다리보살마하살

南無十一面菩薩摩訶薩　나무십일면보살마하살

南無諸大菩薩摩訶薩　　나무제대보살마하살

南無本師阿彌陀佛　　　나무본사아미타불

南無本師阿彌陀佛　　　나무본사아미타불

南無本師阿彌陀佛　　　나무본사아미타불

신묘장구대다라니　神妙章句大陀羅尼

나모라 다나다라 야야 나막알약 바로기제 새

바라야 모지사다바야 마하사다바야 마하가

로니가야

옴 살바 바예수 다라나 가라야 다사명 나막

까리다바 이맘알야 바로기제 새바라다바 니

라간타 나막하리나야 마발다 이사미 살발타

사다남 수반 아예염 살바 보다남 바바말아
미수다감 다냐타 옴 아로게 아로가 마지로가
지가란제 혜혜하례 마하모지 사다바 사마라
사마라 하리나야 구로구로 갈마 사다야 사다
야 도로도로 미연제 마하미연제 다라다라 다
린 나례 새바라 자라자라 마라 미마라 아마
라 몰제 예혜혜 로계 새바라 라아미사미 나
사야 나베 사미사미 나사야 모하자라 미사미
나사야 호로호로 마라호로 하례 바나마 나바
사라사라 시리시리 소로소로 못쟈못쟈 모다
야 모다야
매다리야 니라간타 가마사 날사남 바라하라
나야 마낙 사바하
싯다야 사바하
마하싯다야 사바하
싯다 유예 새바라야 사바하
니라간타야 사바하
바라하 목카 싱하 목카야 사바하

바나마 하따야 사바하

자가라 욕다야 사바하

상카섭나네 모다나야 사바하

마하라 구타다라야 사바하

바마사간타 이사시체다 가릿나 이나야 사바하

먀가라 잘마 이바사나야 사바하

나모라 다나다라 야야 나막알야 바로기제 새
바라야 사바하

나모라 다나다라 야야 나막알야 바로기제 새
바라야 사바하

나모라 다나다라 야야 나막알야 바로기제 새
바라야 사바하

四方讚

일쇄동방결도량
一灑東方潔道場

이쇄남방득청량
二灑南方得淸凉

삼쇄서방구정토
三灑西方俱淨土

사쇄북방영안강
四灑北方永安康

사방찬

동방에~ 물뿌리니 도량이맑고

남방에~ 물뿌리니 청량얻으며

서방에~ 물뿌리니 정토이루고

북방에~ 물뿌리니 평안해지네

道場讚 / 도량찬

도량청정무하예
道場淸淨無瑕穢
온도량이 청정하여 티끌없으니

삼보천룡강차지
三寶天龍降此地
삼보천룡 이도량에 강림하시네

아금지송묘진언
我今持誦妙眞言
제가이제 묘한진언 외우옵나니

원사자비밀가호
願賜慈悲密加護
대자대비 베푸시어 가호하소서

懺悔偈 / 참회게

아석소조제악업
我昔所造諸惡業
지난세월 제가지은 모든악업은

개유무시탐진치
皆由無始貪瞋癡
옛적부터 탐진치로 말미암아서

종신구의지소생
從身口意之所生
몸과말과 생각으로 지었사오니

일체아금개참회
一切我今皆懺悔
제가이제 모든죄업 참회합니다

懺除業障十二尊佛 / 참제업장십이존불

南無懺除業障寶勝藏佛
나무참제업장보승장불

寶光王火炎照佛
보광왕화염조불

一切香火自在力王佛
일체향화자재력왕불

百億恒河沙決定佛
백억항하사결정불

振威德佛
진위덕불

金剛堅强消伏壞散佛　　금강견강소복괴산불

寶光月殿妙音尊王佛　　보광월전묘음존왕불

歡喜藏摩尼寶積佛　　환희장마니보적불

無盡香勝王佛　　무진향승왕불

獅子月佛　　사자월불

歡喜莊嚴珠王佛　　환희장엄주왕불

帝寶幢摩尼勝光佛　　제보당마니승광불

十惡懺悔　　# 십악참회

살생중죄금일참회　　살생으로 지은죄업 참회합니다
殺生重罪今日懺悔

투도중죄금일참회　　도둑질로 지은죄업 참회합니다
偸盜重罪今日懺悔

사음중죄금일참회　　사음으로 지은죄업 참회합니다
邪淫重罪今日懺悔

망어중죄금일참회　　거짓말로 지은죄업 참회합니다
妄語重罪今日懺悔

기어중죄금일참회　　꾸민말로 지은죄업 참회합니다
綺語重罪今日懺悔

양설중죄금일참회　　이간질로 지은죄업 참회합니다
兩說重罪今日懺悔

악구중죄금일참회　　악한말로 지은죄업 참회합니다
惡口重罪今日懺悔

탐애중죄금일참회　　탐욕으로 지은죄업 참회합니다
貪愛重罪今日懺悔

진에중죄금일참회　　성냄으로 지은죄업 참회합니다
瞋恚重罪今日懺悔

치암중죄금일참회
癡暗重罪今日懺悔
어리석어 지은죄업 참회합니다

백겁적집죄
百劫積集罪
오랜세월 쌓인죄업

일념돈탕제
一念頓蕩除
한생각에 없어지니

여화분고초
如火焚枯草
마른풀이 타버리듯

멸진무유여
滅盡無有餘
남김없이 사라지네

죄무자성종심기
罪無自性從心起
죄의자성 본래없어 마음따라 일어나니

심약멸시죄역망
心若滅時罪亦亡
마음이~ 사라지면 죄도함께 없어지네

죄망심멸양구공
罪亡心滅兩俱空
모든죄가 없어지고 마음조차 사라져서

시즉명위진참회
是卽名爲眞懺悔
죄와마음 공해지면 진실한~ 참회라네

참회진언 懺悔眞言

옴 살바못자 모지 사다야 사바하

옴 살바못자 모지 사다야 사바하

옴 살바못자 모지 사다야 사바하

준제공덕취
准提功德聚
준제주는 모든공덕 보고이어라

적정심상송 寂靜心常誦	고요한~ 마음으로 항상외우면
일체제대난 一切諸大難	이세상~ 그어떠한 재난이라도
무능침시인 無能侵是人	이사람을 절대로~ 침범못하며
천상급인간 天上及人間	하늘이나 사람이나 모든중생이
수복여불등 受福如佛等	부처님과 다름없는 복을받으니
우차여의주 遇此如意珠	이와같은 여의주를 지니는이는
정획무등등 定獲無等等	결정코~ 최상의법 이루오리라

南無七俱咀佛母大准提菩薩　　나무칠구지불모대준제보살

南無七俱咀佛母大准提菩薩　　나무칠구지불모대준제보살

南無七俱咀佛母大准提菩薩　　나무칠구지불모대준제보살

정법계진언　淨法界眞言

옴남　옴남　옴남

호신진언　護身眞言

옴치림　옴치림　옴치림

観世音菩薩 本心微妙 六字大明王眞言
관세음보살 본심미묘 육자대명왕진언

옴 마니 반메 훔

옴 마니 반메 훔

옴 마니 반메 훔

준제진언 准提眞言

나무 사다남 삼먁삼못다 구치남 다냐타

옴 자례주례 준제 사바하 부림

옴 자례주례 준제 사바하 부림

옴 자례주례 준제 사바하 부림

아금지송대준제
我今持誦大准提
제가이제 준제주를 지송하오니

즉발보리광대원
卽發菩提廣大願
보리심을 발하오며 큰원세우고

원아정혜속원명
願我定慧速圓明
선정지혜 어서속히 밝아지오며

원아공덕개성취
願我功德皆成就
모든공덕 남김없이 성취하옵고

원아승복변장엄
願我勝福遍莊嚴
수승한복 두루두루 장엄하오며

원공중생성불도
願共衆生成佛道
모든중생 깨달음을 이뤄지이다

如來十大發願文

여래십대발원문

원아영리삼악도	원하오니 삼악도를 길이여의고
願我永離三惡道	
원아속단탐진치	탐진치~ 삼독심을 속히끊으며
願我速斷貪瞋癡	
원아상문불법승	불법승~ 삼보이름 항상듣고서
願我常聞佛法僧	
원아근수계정혜	계정혜~ 삼학도를 힘써닦으며
願我勤修戒定慧	
원아항수제불학	부처님을 따라서~ 항상배우고
願我恒隨諸佛學	
원아불퇴보리심	원컨대~ 보리심에 항상머물며
願我不退菩提心	
원아결정생안양	결정코~ 극락세계 가서태어나
願我決定生安養	
원아속견아미타	아미타~ 부처님을 친견하옵고
願我速見阿彌陀	
원아분신변진찰	온세계~ 모든국토 몸을나투어
願我分身遍塵刹	
원아광도제중생	모든중생 빠짐없이 건져지이다
願我廣度諸衆生	

發四弘誓願

발사홍서원

중생무변서원도	가없는~ 중생을~ 건지오리다
衆生無邊誓願度	
번뇌무진서원단	끝없는~ 번뇌를~ 끊으오리다
煩惱無盡誓願斷	
법문무량서원학	한없는~ 법문을~ 배우오리다
法門無量誓願學	
불도무상서원성	위없는~ 불도를~ 이루오리다
佛道無上誓願成	
자성중생서원도	자성의~ 중생을~ 건지오리다
自性衆生誓願度	

자성번뇌서원단
自性煩惱誓願斷
자성의~ 번뇌를~ 끊으오리다

자성법문서원학
自性法門誓願學
자성의~ 법문을~ 배우오리다

자성불도서원성
自性佛道誓願成
자성의~ 불도를~ 이루오리다

발원이 귀명례삼보
發願已 歸命禮三寶
제가이제 삼보님께 귀명합니다

나무상주시방불
南無常住十方佛
시방세계 부처님께 귀명합니다

나무상주시방법
南無常住十方法
시방세계 가르침에 귀명합니다

나무상주시방승
南無常住十方僧
시방세계 스님들께 귀명합니다

나무상주시방불
南無常住十方佛
시방세계 부처님께 귀명합니다

나무상주시방법
南無常住十方法
시방세계 가르침에 귀명합니다

나무상주시방승
南無常住十方僧
시방세계 스님들께 귀명합니다

나무상주시방불
南無常住十方佛
시방세계 부처님께 귀명합니다

나무상주시방법
南無常住十方法
시방세계 가르침에 귀명합니다

나무상주시방승
南無常住十方僧
시방세계 스님들께 귀명합니다

불기 25   년   월   일 불자   제   회 사경

千 手 經
천수경

정구업진언 淨口業眞言
수리수리 마하수리 수수리 사바하
수리수리 마하수리 수수리 사바하
수리수리 마하수리 수수리 사바하

오방내외안위제신진언 五方內外安慰諸神眞言
나무 사만다 못다남 옴 도로도로 지미 사바하
나무 사만다 못다남 옴 도로도로 지미 사바하
나무 사만다 못다남 옴 도로도로 지미 사바하

開經偈

무상심심미묘법
無上甚深微妙法

백천만겁난조우
百千萬劫難遭遇

아금문견득수지
我今聞見得受持

원해여래진실의
願解如來眞實意

개경게

위없이~ 심히깊은 미묘한법을

백천만겁 지난들~ 어찌만나리

제가이제 보고듣고 받아지니니

부처님의 진실한뜻 알아지이다

개법장진언 開法藏眞言

옴 아라남 아라다

옴 아라남 아라다

옴 아라남 아라다

천수천안관자재보살
千手千眼觀自在菩薩

광대원만무애대비심
廣大圓滿無碍大悲心

대다라니 계청
大陀羅尼 啓請

계수관음대비주
稽首觀音大悲呪

원력홍심상호신
願力弘深相好身

천비장엄보호지
千臂莊嚴普護持

천안광명변관조
千眼光明遍觀照

천수천안 관음보살 광대하고

원만하며 걸림없는 대비심의

다라니를 청하옵니다

자비로운 관세음께 절하옵나니

크신원력 원만상호 갖추시옵고

천손으로 중생들을 거두시오며

천눈으로 광명비춰 두루살피네

진실어중선밀어
眞實語中宣密語
진실하온 말씀중에 다라니펴고

무위심내기비심
無爲心內起悲心
함이없는 마음중에 자비심내어

속령만족제희구
速令滿足諸希求
온갖소원 지체없이 이뤄주시고

영사멸제제죄업
永使滅除諸罪業
모든죄업 길이길이 없애주시네

천룡중성동자호
天龍衆聖同慈護
천룡들과 성현들이 옹호하시고

백천삼매돈훈수
百千三昧頓熏修
백천삼매 한순간에 이루어지니

수지신시광명당
受持身是光明幢
이다라니 지닌몸은 광명당이요

수지심시신통장
受持心是神通藏
이다라니 지닌마음 신통장이라

세척진로원제해
洗滌塵勞願濟海
모든번뇌 씻어내고 고해를건너

초증보리방편문
超證菩提方便門
보리도의 방편문을 얻게되오며

아금칭송서귀의
我今稱誦誓歸依
제가이제 지송하고 귀의하오니

소원종심실원만
所願從心悉圓滿
온갖소원 마음따라 이뤄지이다

나무대비관세음
南無大悲觀世音
자비하신 관세음께 귀의하오니

원아속지일체법
願我速知一切法
일체법을 어서속히 알아지이다

나무대비관세음
南無大悲觀世音
자비하신 관세음께 귀의하오니

원아조득지혜안
願我早得智慧眼
지혜의눈 어서어서 얻어지이다

나무대비관세음
南無大悲觀世音
자비하신 관세음께 귀의하오니

원아속도일체중
願我速度一切衆
모든중생 어서속히 건네지이다

나무대비관세음
南無大悲觀世音
자비하신 관세음께 귀의하오니

원아조득선방편
願我早得善方便
좋은방편 어서어서 얻어지이다

나무대비관세음
南無大悲觀世音
자비하신 관세음께 귀의하오니

원아속승반야선
願我速乘般若船
지혜의배 어서속히 올라지이다

나무대비관세음
南無大悲觀世音
자비하신 관세음께 귀의하오니

원아조득월고해
願我早得越苦海
고통바다 어서어서 건너지이다

나무대비관세음
南無大悲觀世音
자비하신 관세음께 귀의하오니

원아속득계정도
願我速得戒定道
계정혜를 어서속히 얻어지이다

나무대비관세음
南無大悲觀世音
자비하신 관세음께 귀의하오니

원아조등원적산
願我早登圓寂山
열반언덕 어서어서 올라지이다

나무대비관세음
南無大悲觀世音
자비하신 관세음께 귀의하오니

원아속회무위사
願我速會無爲舍
무위집에 어서속히 들어지이다

나무대비관세음
南無大悲觀世音
자비하신 관세음께 귀의하오니

원아조동법성신
願我早同法性身
진리의몸 어서어서 이뤄지이다

아약향도산
我若向刀山
칼산지옥 제가가면

도산자최절
刀山自催折
칼날절로 꺾여지고

아약향화탕
我若向火湯
화탕지옥 제가가면

화탕자소멸
火湯自消滅
화탕절로 사라지며

아약향지옥
我若向地獄
지옥세계 제가가면

지옥자고갈
地獄自枯渴
지옥절로 없어지고

아약향아귀
我若向餓鬼
아귀세계 제가가면

아귀자포만
餓鬼自飽滿
아귀절로 배부르며

아약향수라
我若向修羅
수라세계 제가가면

악심자조복
惡心自調伏
악한마음 선해지고

아약향축생
我若向畜生
축생세계 제가가면

자득대지혜
自得大智慧
지혜절로 얻어지이다

南無觀世音菩薩摩訶薩 나무관세음보살마하살

南無大勢至菩薩摩訶薩 나무대세지보살마하살

南無千手菩薩摩訶薩 나무천수보살마하살

南無如意輪菩薩摩訶薩 나무여의륜보살마하살

南無大輪菩薩摩訶薩 나무대륜보살마하살

南無觀自在菩薩摩訶薩 나무관자재보살마하살

南無正趣菩薩摩訶薩 나무정취보살마하살

南無滿月菩薩摩訶薩　　　나무만월 보살마하살

南無水月菩薩摩訶薩　　　나무수월 보살마하살

南無軍茶利菩薩摩訶薩　　나무군다리 보살마하살

南無十一面菩薩摩訶薩　　나무십일면 보살마하살

南無諸大菩薩摩訶薩　　　나무제대 보살마하살

南無本師阿彌陀佛　　　　나무본사아미타불

南無本師阿彌陀佛　　　　나무본사아미타불

南無本師阿彌陀佛　　　　나무본사아미타불

신묘장구대다라니 神妙章句大陀羅尼

나모라 다나다라 야야 나막알약 바로기제 새
바라야 모지 사다바야 마하사다바야 마하가
로니가야

옴 살바 바예수 다라나 가라야 다사명 나막
까리다바 이맘알야 바로기제 새바라다바 니
라간타 나막하리나야 마발다 이사미 살발타

사다남 수반 아예염 살바 보다남 바바말아
미수다감 다냐타 옴 아로게 아로가 마지로가
지가란제 혜혜하례 마하모지 사다바 사마라
사마라 하리나야 구로구로 갈마 사다야 사다
야 도로도로 미연제 마하미연제 다라다라 다
린 나례 새바라 자라자라 마라 미마라 아마
라 몰제 예혜혜 로계 새바라 라아미사미 나
사야 나베 사미사미 나사야 모하자라 미사미
나사야 호로호로 마라호로 하례 바나마 나바
사라사라 시리시리 소로소로 못쟈못쟈 모다
야 모다야
매다리야 니라간타 가마사 날사남 바라하리
나야 마낙 사바하
싯다야 사바하
마하싯다야 사바하
싯다 유예 새바라야 사바하
니라간타야 사바하
바라하 목카 싱하 목카야 사바하

바나마 하따야 사바하
자가라 욕다야 사바하
상카섭나네 모다나야 사바하
마하라 구타다라야 사바하
바마사간타 이사시체다 가릿나 이나야 사바하
먀가라 잘마 이바사나야 사바하
나모라 다나다라 야야 나막알야 바로기제 새
바라야 사바하
나모라 다나다라 야야 나막알야 바로기제 새
바라야 사바하
나모라 다나다라 야야 나막알야 바로기제 새
바라야 사바하

四方讚
일쇄동방결도량
一灑東方潔道場
이쇄남방득청량
二灑南方得淸涼
삼쇄서방구정토
三灑西方俱淨土
사쇄북방영안강
四灑北方永安康

사방찬

동방에~ 물뿌리니 도량이맑고
남방에~ 물뿌리니 청량얻으며
서방에~ 물뿌리니 정토이루고
북방에~ 물뿌리니 평안해지네

道場讚 / 도량찬

도량청정무하예
道場淸淨無瑕穢
온도량이 청정하여 티끌없으니

삼보천룡강차지
三寶天龍降此地
삼보천룡 이도량에 강림하시네

아금지송묘진언
我今持誦妙眞言
제가이제 묘한진언 외우옵나니

원사자비밀가호
願賜慈悲密加護
대자대비 베푸시어 가호하소서

懺悔偈 / 참회게

아석소조제악업
我昔所造諸惡業
지난세월 제가지은 모든악업은

개유무시탐진치
皆由無始貪瞋癡
옛적부터 탐진치로 말미암아서

종신구의지소생
從身口意之所生
몸과말과 생각으로 지었사오니

일체아금개참회
一切我今皆懺悔
제가이제 모든죄업 참회합니다

懺除業障十二尊佛 / 참제업장십이존불

南無懺除業障寶勝藏佛
나무참제업장보승장불

寶光王火炎照佛
보광왕화염조불

一切香火自在力王佛
일체향화자재력왕불

百億恒河沙決定佛
백억항하사결정불

振威德佛
진위덕불

金剛堅强消伏壞散佛　　금강견강소복괴산불

寶光月殿妙音尊王佛　　보광월전묘음존왕불

歡喜藏摩尼寶積佛　　　환희장마니보적불

無盡香勝王佛　　　　　무진향승왕불

獅子月佛　　　　　　　사자월불

歡喜莊嚴珠王佛　　　　환희장엄주왕불

帝寶幢摩尼勝光佛　　　제보당마니승광불

十惡懺悔　　　십악참회

살생중죄금일참회　　살생으로 지은죄업 참회합니다
殺生重罪今日懺悔

투도중죄금일참회　　도둑질로 지은죄업 참회합니다
偸盜重罪今日懺悔

사음중죄금일참회　　사음으로 지은죄업 참회합니다
邪淫重罪今日懺悔

망어중죄금일참회　　거짓말로 지은죄업 참회합니다
妄語重罪今日懺悔

기어중죄금일참회　　꾸민말로 지은죄업 참회합니다
綺語重罪今日懺悔

양설중죄금일참회　　이간질로 지은죄업 참회합니다
兩說重罪今日懺悔

악구중죄금일참회　　악한말로 지은죄업 참회합니다
惡口重罪今日懺悔

탐애중죄금일참회　　탐욕으로 지은죄업 참회합니다
貪愛重罪今日懺悔

진에중죄금일참회　　성냄으로 지은죄업 참회합니다
瞋恚重罪今日懺悔

치암중죄금일참회
癡暗重罪今日懺悔
어리석어 지은죄업 참회합니다

백겁적집죄
百劫積集罪
오랜세월 쌓인죄업

일념돈탕제
一念頓蕩除
한생각에 없어지니

여화분고초
如火焚枯草
마른풀이 타버리듯

멸진무유여
滅盡無有餘
남김없이 사라지네

죄무자성종심기
罪無自性從心起
죄의자성 본래없어 마음따라 일어나니

심약멸시죄역망
心若滅時罪亦亡
마음이~ 사라지면 죄도함께 없어지네

죄망심멸양구공
罪亡心滅兩俱空
모든죄가 없어지고 마음조차 사라져서

시즉명위진참회
是卽名爲眞懺悔
죄와마음 공해지면 진실한~ 참회라네

참회진언 懺悔眞言
옴 살바못자 모지 사다야 사바하
옴 살바못자 모지 사다야 사바하
옴 살바못자 모지 사다야 사바하

준제공덕취
准提功德聚
준제주는 모든공덕 보고이어라

적정심상송 寂靜心常誦	고요한~ 마음으로 항상외우면
일체제대난 一切諸大難	이세상~ 그어떠한 재난이라도
무능침시인 無能侵是人	이사람을 절대로~ 침범못하며
천상급인간 天上及人間	하늘이나 사람이나 모든중생이
수복여불등 受福如佛等	부처님과 다름없는 복을받으니
우차여의주 遇此如意珠	이와같은 여의주를 지니는이는
정획무등등 定獲無等等	결정코~ 최상의법 이루오리라

南無七俱咄佛母大准提菩薩	나무칠구지불모대준제보살
南無七俱咄佛母大准提菩薩	나무칠구지불모대준제보살
南無七俱咄佛母大准提菩薩	나무칠구지불모대준제보살

정법계진언 淨法界眞言

옴 남 옴 남 옴 남

호신진언 護身眞言

옴 치림 옴 치림 옴 치림

觀世音菩薩 本心微妙 六字大明王眞言
관세음보살 본심미묘 육자대명왕진언

옴 마니 반메 훔

옴 마니 반메 훔

옴 마니 반메 훔

준제진언 准提眞言

나무 사다남 삼먁삼못다 구치남 다냐타

옴 자례주례 준제 사바하 부림

옴 자례주례 준제 사바하 부림

옴 자례주례 준제 사바하 부림

아금지송대준제 我今持誦大准提	제가이제 준제주를 지송하오니
즉발보리광대원 卽發菩提廣大願	보리심을 발하오며 큰원세우고
원아정혜속원명 願我定慧速圓明	선정지혜 어서속히 밝아지오며
원아공덕개성취 願我功德皆成就	모든공덕 남김없이 성취하옵고
원아승복변장엄 願我勝福遍莊嚴	수승한복 두루두루 장엄하오며
원공중생성불도 願共衆生成佛道	모든중생 깨달음을 이뤄지이다

如來十大發願文 — 여래십대발원문

원아영리삼악도
願我永離三惡道
원하오니 삼악도를 길이여의고

원아속단탐진치
願我速斷貪瞋癡
탐진치~ 삼독심을 속히끊으며

원아상문불법승
願我常聞佛法僧
불법승~ 삼보이름 항상듣고서

원아근수계정혜
願我勤修戒定慧
계정혜~ 삼학도를 힘써닦으며

원아항수제불학
願我恒隨諸佛學
부처님을 따라서~ 항상배우고

원아불퇴보리심
願我不退菩提心
원컨대~ 보리심에 항상머물며

원아결정생안양
願我決定生安養
결정코~ 극락세계 가서태어나

원아속견아미타
願我速見阿彌陀
아미타~ 부처님을 친견하옵고

원아분신변진찰
願我分身遍塵刹
온세계~ 모든국토 몸을나투어

원아광도제중생
願我廣度諸衆生
모든중생 빠짐없이 건져지이다

發四弘誓願 — 발사홍서원

중생무변서원도
衆生無邊誓願度
가없는~ 중생을~ 건지오리다

번뇌무진서원단
煩惱無盡誓願斷
끝없는~ 번뇌를~ 끊으오리다

법문무량서원학
法門無量誓願學
한없는~ 법문을~ 배우오리다

불도무상서원성
佛道無上誓願成
위없는~ 불도를~ 이루오리다

자성중생서원도
自性衆生誓願度
자성의~ 중생을~ 건지오리다

110

자성번뇌서원단
自性煩惱誓願斷
자성의~ 번뇌를~ 끊으오리다

자성법문서원학
自性法門誓願學
자성의~ 법문을~ 배우오리다

자성불도서원성
自性佛道誓願成
자성의~ 불도를~ 이루오리다

발원이 귀명례삼보
發願已 歸命禮三寶
제가이제 삼보님께 귀명합니다

나무상주시방불
南無常住十方佛
시방세계 부처님께 귀명합니다

나무상주시방법
南無常住十方法
시방세계 가르침에 귀명합니다

나무상주시방승
南無常住十方僧
시방세계 스님들께 귀명합니다

나무상주시방불
南無常住十方佛
시방세계 부처님께 귀명합니다

나무상주시방법
南無常住十方法
시방세계 가르침에 귀명합니다

나무상주시방승
南無常住十方僧
시방세계 스님들께 귀명합니다

나무상주시방불
南無常住十方佛
시방세계 부처님께 귀명합니다

나무상주시방법
南無常住十方法
시방세계 가르침에 귀명합니다

나무상주시방승
南無常住十方僧
시방세계 스님들께 귀명합니다

불기 25   년   월   일 불자   제   회 사경

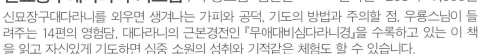
천수경 한글 사경

초　판 1쇄 펴낸날　2013년　12월　11일 (9쇄 발행)
개정판 1쇄 펴낸날　2020년　2월　25일
　　　　10쇄 펴낸날　2025년　3월　21일

엮은이　김현준
펴낸이　김연수
펴낸곳　새벽숲
등록일　2009년 12월 28일 (제321-2009-000242호)
주　소　서울특별시 서초구 반포대로14길 30, 906호 (서초동, 센츄리I)
전　화　02-582-6612, 587-6612　　팩　스　02-586-9078
이메일　hyorim@nate.com

값 5,000 원

ⓒ 새벽숲 2013
ISBN　978-89-969626-2-5　13220